文壇泰斗

文學大家與傳世經典

公羊高、司馬遷、施耐庵、蒲松齡

重溫千古名家的如椽巨筆，感受文化的深厚底蘊

尚東發 主編　任芳芳 編著

本書以時間為軸，詳細梳理了各歷史階段的重要文學成就與流派。
深入了解文學大家如何在文學風潮中錘鍊自我。
此書不僅是中國文學史的回顧，也是對文學如何反映與影響社會變遷的深入探討。

本書不僅呈現各朝代的文學風貌與流派演變，
還探究了文學如何在不斷的文化交流和社會動盪中自我革新，塑造了豐富多彩的文學傳統。

目 錄

序言

上古時期 —— 文壇鼻祖

- 010　子夏以傳播儒家經典聞名
- 015　公羊高用問答體解說史事
- 019　左丘明寫歷史繪聲繪色
- 027　列子寓精微哲理於文章

中古時期 —— 華章妙手

- 036　司馬相如賦才天縱
- 044　劉向著史書暢所欲言
- 050　司馬遷無韻之離騷
- 059　曹植辭采華茂賦洛神
- 068　蕭統哀英集萃編文選
- 076　韓愈文起八代之衰

目錄

近古時期 —— 文苑大師

086　歐陽脩以文章繼往開來
095　關漢卿被稱為東方莎翁
103　湯顯祖戲曲創作不拘一格
111　施耐庵開啟小說創作先河

近世時期 —— 小說巨匠

122　羅貫中始作章回體小說
131　吳承恩託神魔鬼怪以言志
140　曹雪芹創清代小說巔峰
148　蒲松齡抒發孤憤著聊齋
157　吳敬梓以古典諷刺小說著稱
166　劉鶚敘景狀物取得獨特成就
171　李寶嘉著成譴責小說代表作
176　吳趼人寫成影響深遠的小說
182　曾樸所著小說文采斐然

序言

序言

　　浩浩歷史長河，熊熊文明薪火，中華文化源遠流長，滾滾黃河、滔滔長江，是最直接源頭，這兩大文化浪濤經過千百年沖刷洗禮和不斷交流、融合以及沉澱，最終形成了求同存異、兼收並蓄的輝煌燦爛的中華文明，也是世界上唯一綿延不絕而從沒中斷的古老文化，並始終充滿了生機與活力。中華文化曾是東方文化搖籃，也是推動世界文明不斷前行的動力之一。早在500年前，中華文化的四大發明催生了歐洲文藝復興運動和地理大發現。中國四大發明先後傳到西方，對於促進西方工業社會發展和形成，曾帶來了重要作用。

　　中華文化博大精深，是各族人民五千年來創造、傳承下來的物質文明和公德心的總和，其內容包羅永珍，浩若星漢，具有很強文化縱深，蘊含豐富寶藏。中華文化薪火相傳，一脈相承，弘揚和發展五千年來優秀的、光明的、先進的、科學的、文明的和自豪的文化現象，融合古今中外一切文化精華，建構具有特色的現代民族文化，向世界展示中華民族的文化力量、文化價值、文化形態與文化風采。

　　為此，在相關專家指導下，我們收集整理了大量古今資料和最新研究成果，特別編撰了本套大型書系。主要包括獨具特色的語言文字、浩如煙海的文化典籍、名揚世界的科技工藝、異彩紛呈的文學藝術、充滿智慧的中國哲學、完備而

深刻的倫理道德、古風古韻的建築遺存、深具內涵的自然名勝、悠久傳承的歷史文明，還有各具特色又相互交融的地域文化和民族文化等，充分顯示了厚重文化底蘊。

本書縱橫捭闔，採取講故事的方式進行敘述，語言通俗，明白曉暢，形象直觀，古風古韻，格調高雅，具有很強的可讀性、欣賞性、知識性和延伸性，能夠讓讀者們感受到中華文化的豐富內涵。

肖東發

序言

上古時期 —— 文壇鼻祖

　　春秋戰國是中國歷史上的上古時期。這個時代在中國文學史上是一個比較活躍的時代，在這個「百家爭鳴」的文化浪潮中，文學成就斐然。

　　左丘明發微探幽，記載史實而含蓄深遠，婉轉而順理成章；列子的每篇文字，不論長短，都自成系統，各有主題，反映睿智和哲理，淺顯易懂，饒有趣味。

　　這兩位大家卓立千古，很好地運用中國上古時期的春秋筆法，充分展現了隱晦曲折而蘊含褒貶的特色。

上古時期—文壇鼻祖

子夏以傳播儒家經典聞名

　　子夏（西元前507年～前420年），姓卜名商，字子夏，又名卜子夏，春秋時期的晉國溫邑人。後人多稱其字，是孔子的學生，「孔門十哲」之一。在「七十二賢」中名列第四位，是繼孔子之後的第二代儒學宗師。

　　他擅長於文學，對詩有深入的研究，能通其義理，著有詩序。他開創的「西河學派」培育出大批經國治世的良材，並成為前期法家成長的搖籃。許多後來儒學的經典都被說成是由他流傳下來的。

　　子夏出生在一貧窮人家裡，西元前483年，他來到魯國拜聖人孔子為師，並跟著孔子周遊列國。

　　在此期間，子夏因常有獨到見解而得到孔子的讚許，如其問《詩經》中「巧笑倩兮，美目盼兮，素以為絢兮」一句，孔子答以「繪事後素」，他立即得出「禮後乎」的結論。

　　孔子讚曰：「起予者，商也！始可以言《詩》已矣。」但孔子認為子夏在遵循仁和禮的方面有所「不及」，曾告誡子夏曰：「女為君子儒，無為小人儒」。

子夏以傳播儒家經典聞名

據說，子夏才氣過人，在儒家的經典著作之一《論語》中保留了他的許多著名的格言，如：

仕而優則學，學而優則仕；

博學而篤志，切問而近思，仁在其中矣；

百工居其肆以成其言，君子學以致其道；

日知其所亡，月無忘其所能，可謂好學也已矣；

雖小道，必有可觀者焉，致遠恐泥，是以君子不為也！

君子有三變：望之儼然，即之也溫，聽其言也厲。

君子信而後勞其民；未信，則以為厲己也。信而後諫；未信，則以為謗己也。

在孔門弟子中，子夏是為數不多的幾個對「六經」皆有修養的弟子之一。為創立和光大儒學做出了不朽的業績。儒學的創立，不得不歸功於孔子。然孔門弟子在儒學發展史上實扮演了兩個角色。這兩個角色的劃分可以孔子的去世為界。

在孔子去世之前，可以把他們看成是同孔子一起創立儒學的開創者；孔子去世後，他們便成為儒學的傳承者與發展者。

當時，子夏是最有資格統領孔門弟子的。然而因子夏性格所致，使其與其他弟子不能友好相處。他在孔子去世之後策劃推舉有若而未果，只好離開孔門，前往他國聚徒講學。

上古時期—文壇鼻祖

子夏繼承了孔子的儒家思想，主張國君要學習《春秋》記取歷史教訓，防止臣下篡奪，宣揚「生死由命，富貴在天」，提出「仕而優則學，學而優則仕」和「大德不踰閒，小德出入可也」等觀點。他把「仁」作為教育學習的中心內容。極力宣揚「忠孝節義」。

他認為擇妻應重德不重色，事親應竭盡全力，事君要不惜身，交友要言而有信。只要能做到這幾點，便符合仁的規範了。

同時，子夏還有一定的民主平均思想。他在《論語‧顏淵》中說：「四海之內，皆兄弟也」。他在答魏文侯問樂中說：「修身齊家平天下，此古樂之發也」。

子夏的著述甚豐。東漢經學家鄭玄說：《論語》子夏撰；《詩序》和《易傳》也出自他的手筆。他還解釋發揮了孔子所著的《詩》、《書》、《禮》、《樂》等儒家經典著作，傳授了《詩》、《春秋》。

子夏主筆編撰了孔子的言行集《論語》，成為儒家「四書」之首，又為《詩經》作序，為《易經》作傳，為《禮義》作文，完成了「五經」註疏。在其以後收徒授學中，創造了章句教學之法，即在文章中加標點符號，並分章分段分句講解，為儒學的興起奠定了堅實基礎。

此外,他還著有《卜子書》、《子夏易傳》、《聖門十六書》、《周易卜商傳》等。

【旁注】

魯國:中國周朝的同姓諸侯國之一。姬姓,侯爵。武王伐紂,歧周代商。武王發封其弟周公旦於少昊之虛曲阜,是為魯公。魯公之「公」並非爵位,而是諸侯在封國內的通稱。魯公即魯侯。先後傳25世,經36位國君,歷史八百餘年。

儒學:又稱儒家學說,或稱為儒教,是中國古代最有影響的學派。它是中華法系的法理基礎,對中國以及東方文明發生過重大影響並持續至今的意識形態,儒家思想是東亞地區的基本文化信仰。儒家最初指的是冠婚喪祭時的司儀,自春秋起指由孔子創立的後來逐步發展以仁為核心的思想體系。

忠孝節義:是中華傳統美德。忠、孝是中國社會基礎性的道德價值觀。泛指中國古代封建統治者所提倡的道德準則。

孔子(西元前551年～前479年):名丘,字仲尼,東周時期魯國陬邑人。春秋末期的思想家和教育家、政治家,儒家思想的創始人。孔子集華夏上古文化之大成,在世時已

被譽為「天縱之聖」、「天之木鐸」,是當時社會上的最博學者之一,被後世統治者尊為孔聖人、至聖、至聖先師、萬世師表,是「世界十大文化名人」之首。

鄭玄(西元 127 年～ 200 年):字康成,高密人,為漢尚書僕射鄭崇八世孫,東漢經學大師、大司農。東漢末年的經學大師,他遍注儒家經典,以畢生精力整理古代文化遺產,使經學進入了一個「小統一時代」。

【閱讀連結】

傳說,子夏死在山東,人們把他的靈柩往老家抬。當時因為交通不方便,棺材重,路途遠,把大家累得汗流浹背,直喘粗氣。

走到董楊門南地的時候,大家停下來歇息,這一歇不要緊,忽然颳起了狂風,直颳得飛沙走石、日月無光。風停以後,大家睜開眼睛一看,棺材不見了。

原來,狂風捲起了一個大土堆,把子夏的棺材埋住了。

人們都說:「這是老天爺點的穴。」於是就把子夏埋在了董楊門村的南地。

公羊高用問答體解說史事

公羊高，戰國時齊國人。相傳是子夏的弟子，也是中國古代的儒家典籍《春秋》三傳之一《公羊傳》的編撰者。

《公羊傳》用問答體解說《春秋》所記史事，著重從政治而非歷史學的角度闡述這些記載的是非觀，並把它看成孔子政治理想的展現，作為指導後世帝王行事的準則。

公羊高，是《春秋公羊傳》的作者。這是專門解釋中國古代的儒家典籍《春秋》的一部典籍，其起迄年代與《春秋》一致，即西元前722年至前481年，其釋史十分簡略，而著重闡釋《春秋》所謂的「微言大義」，用問答的方式解經。

該書係由孔子弟子子夏傳給公羊高，公羊高子孫繼續口耳相傳，到漢景帝時始由公羊壽與胡毋生（子都）寫定。所以《公羊傳》的作者，史學家班固《漢書‧藝文志》籠統地稱之為「公羊子」，唐初儒家學者顏師古說是公羊高，《四庫全書總目》則署作漢公羊壽，說法不一。但比較起來把定稿人題為作者更合理一些。

《公羊傳》約44,000字，其中情節較為完整、算得上歷史

故事的有30多個。所記事實，有的與《左傳》大同小異，有的詳略不等，也有的為《左傳》所無。它們給讀者一個突出印象是語言更加通俗、敘寫更為具體。

這是由於《公羊傳》形成於戰國後期，著之竹帛乃在漢初，一個相當長的時間內，師生授受以口耳相傳為主。這樣就使之帶有口頭講述的特徵，甚至夾雜一些民間傳說的味道，而不同於《左傳》語言之簡勁峻潔，書面化，典雅化。

同時，《公羊傳》引述歷史故事，都是為了說明《春秋》的微言大義，帶有鮮明的傾向性，每一則都是先解經而後述事，和《左傳》以記事為主並且往往不加判斷的情況有所區別。

《公羊傳》的主要精神是宣揚儒家思想中撥亂反正、大義滅親，對亂臣賊子要無情鎮壓的一面，為強化中央專制集權和大一統服務。《公羊傳》尤為今文經學派所推崇，是今文經學的重要典籍，歷代今文經學家都常用它作為議論政治的工具。它也是研究戰國、秦、漢間儒家思想的重要資料。

作為儒家經典，《公羊傳》備受歷代統治者的推崇，長期成為封建統治階級的教科書和科舉取士的考試內容。在唐代被定為小經，在宋代被定為中經。並被列入「十三經」中。

【旁注】

顏師古（西元581年～645年）：字籀，以字行，唐初儒家學者，經學家、語言文字學家、歷史學家。他是名儒顏之推的孫子，父親為顏思魯。少傳家業，遵循祖訓，博覽群書，學問通博，擅長於文字訓詁、聲韻、校勘之學；他還是研究《漢書》的專家，對兩漢以來的經學史也十分熟悉。

著之竹帛：指古代供書寫用的竹簡和白絹。在中國古代最初的時候沒有紙，古人便用竹帛書寫文字。「著之竹帛」指的便是把事物或人的功績等寫入書中。

《左傳》：原名為《左氏春秋》，漢代改稱《春秋左氏傳》，簡稱《左傳》。舊時相傳是春秋末年左丘明為解釋孔子的《春秋》而作。《左傳》實質上是一部獨立撰寫的史書。它起自西元前722年，迄於西元前453年，以《春秋》為本，透過記述春秋時期的具體史實來說明《春秋》的綱目，是儒家重要經典之一。

漢景帝（西元前188年～前141年）：名劉啟，漢文帝劉恆長子。西漢第六位皇帝，在位16年，諡「孝景皇帝」，無廟號。劉啟在位期間，削諸侯封地，平定七國之亂，鞏固中央集權，勤儉治國，發展生產，他統治時期與其父漢文帝統治時期合稱為「文景之治」。

【閱讀連結】

關於《公羊傳》的作者到底是誰,有三種說法。

司馬遷在《儒林列傳》中說:「言《春秋》於齊、魯自胡毋生,於趙自董仲舒,公孫弘治《春秋》不如董仲舒,故漢興至於五世之間,唯董仲舒名為明於《春秋》,其傳《公羊氏》也。胡毋生,齊人也,孝景時為博士,以老歸教授,齊之言《春秋》者,多受胡毋生,公孫弘亦頗受焉。」

在這三家中,儘管董仲舒是佼佼者,即他對《公羊》的闡發比胡毋生與公孫弘深刻,但始終只是《公羊學》中的一派,並非是《公羊》學的唯一宗師。特別是,東漢《公羊》學的最大代表何休,在其名著《公羊解詁》中,明確胡毋生是《公羊》宗師,而一個字都未提及董仲舒。

左丘明寫歷史繪聲繪色

左丘明（約西元前 502 年～前 422 年），姓丘，名明。春秋末期魯國人。春秋時史學家。

漢代太史司馬遷稱其為「魯君子」。著有《左傳》和《國語》。兩書記錄了很多西周、春秋的重要史事，儲存了具有很高價值的原始資料。

左丘明的記載最早見於《論語・公冶長》。左丘明的姓名有很多觀點。一說複姓左丘，名明，一說單姓左，名丘明。還有觀點認為他姓丘名明，因其世代為左史，所以人們尊其為左丘明。

左丘明與孔子同時代或在其前，又說他失明或無目，因此許多人認為他是一位瞽蒙。他知識淵博，品德高尚，深得世人尊敬和愛戴，孔子視其為君子，尊稱其左丘明，謂之與其共好惡。據說山東省肥城是左丘明食邑。左丘明死後葬於肥城。

《魏書・地形志》記載：富城有左丘明墓。清雍正三年，為避孔子名諱，奉旨「丘」旁加「阝」改為邱氏，故左丘明之

上古時期—文壇鼻祖

後改丘氏為邱氏,今肥城市石橫東衡漁村邱氏皆為左丘明的後人。

左丘明任魯國左史官,在任時盡職盡責,德才兼備,為時人所崇拜。他也編修國史,日夜操勞,歷時30餘年,一部縱貫200餘年、18萬餘字的《春秋左氏傳》定稿。其價值不可估量,為歷代史學家和文人所推崇。

《左傳》原名為《左氏春秋》,漢代改稱《春秋左氏傳》,簡稱《左傳》。是左丘明為解釋孔子的《春秋》而作。

以記事為主,兼載言論,敘述詳明,文字生動簡潔,全面反映了當時的社會歷史面貌,既是重要的儒家經典,又是中國第一部完整的編年體史書,在文學上也有很高的成就。

《左傳》是記錄春秋時期社會狀況的重要典籍。取材於王室檔案、魯史策書、諸侯國史等。記事基本以《春秋》所記魯國十二公為次序,內容包括諸侯國之間的聘問、會盟、征伐、婚喪、篡弒等。

主要記錄了周王室的衰微,諸侯爭霸的歷史,對各類禮儀規範、典章制度、社會風俗、民族關係、道德觀念、天文地理、曆法時令、古代文獻、神話傳說、歌謠言語均有記述和評論。

《左傳》對後世的影響首先展現在歷史學方面。《左傳》

左丘明寫歷史繪聲繪色

是中國現存第一部敘事詳細的編年體史書,是儒家「十三經」之一,並與《春秋公羊傳》、《春秋穀梁傳》合稱「春秋三傳」。

它不僅發展了《春秋》的編年體,並引錄保存了當時流行的一部分應用文,為後世應用寫作的發展提供了借鑑。僅據宋人陳騤在《文則》中列舉,就有命、誓、盟、禱、諫、讓、書、對等8種之多,實際還遠不止此,後人認為檄文也源於《左傳》。

《左傳》在史學中的地位被評論為繼《尚書》、《春秋》之後,開《史記》和《漢書》之先河的重要典籍。

《左傳》雖是歷史著作,但與《尚書》、《春秋》有所不同,它「情韻並美,文采照耀」,是先秦時期最具文學色彩的歷史散文。

它長於記述戰爭,又善於刻劃人物,重視記錄辭令。其聲律兼有詩歌之美,言辭婉轉,情理深入,描寫入微,是中國最為優秀的史書之一。

《左傳》的情節結構主要是按時間順序交代事情發生、發展和結果。但倒敘和預敘手法的運用,也是其敘事的重要特色。

倒敘就是在敘事過程中回顧事件的起因,或者交代與事件有關的背景等。

如「宣公三年」先記載了鄭穆公蘭之死,然後回顧了他的出生和命名:其母夢見天使與之蘭,懷孕而生穆公,故名之蘭。《左傳》中還有插敘和補敘,性質作用與倒敘類似。這些敘述,常用一個「初」字領起。

預敘即先敘出將要發生的事,或預見事件的結果。《左傳》以第三人稱作為敘事角度,作者以旁觀者的立場敘述事件,發表評論,視角廣闊靈活,幾乎不受任何限制。

在個別段落中,作者也從事件中人物的角度,來敘述正在發生的事件及場景。

如「成公十六年」寫鄢陵之戰「楚子登巢車以望晉師」中陣地的情況,完全是透過楚子和伯州犁的對話展示出來的。

《左傳》代表了先秦史學和文學的最高成就,是研究先秦歷史和春秋時期歷史的重要文獻,對後世的史學產生了很大影響,特別是對確立編年體史書的地位發揮了很大作用。

由於它具有強烈的儒家思想傾向,強調等級秩序與宗法倫理,重視長幼尊卑之別,同時也表現出「民本」思想,因此也是研究先秦儒家思想的重要歷史資料。

《左傳》受到學界重視是在魏晉時期,先後有東漢經學家服虔、西晉時期著名學者杜預為其作註解,以後成為研究《春秋》的重要典籍。

左丘明寫歷史繪聲繪色

左丘明晚年時眼睛出了毛病，不得不辭官回鄉，不久就雙目失明了。強烈的歷史使命感使他振作起來，將幾十年來的所見所聞，各諸侯的要聞和君臣得失的話記述下來，彙整成著名的歷史名著《國語》。《國語》與《左傳》一起成為珠聯璧合的歷史文化鉅著。

《國語》是中國最早的一部國別史著作。全書21卷中，《晉語》9卷，《楚語》2卷，《齊語》只有1卷。《周語》從周穆王開始，屬於西周早期。《鄭語》只記載了齊桓公商討東遷的史實，也還在春秋以前。

所以《國語》的內容不限於《春秋》，但確實記載了很多西周、春秋的重要事件。從傳授淵源來看，可以認為是左丘明所作。《國語》出自的記錄，是一種價值極高的原始史料，因此司馬遷著《史記》時就從中吸取了很多史料。

《國語》在內容上有很強的倫理傾向，如弘揚德的精神，尊崇禮的規範等。認為「禮」是治國之本。而且具有非常突出的忠君思想。

《國語》的政治觀比較進步，如反對專制和腐敗，重視民意，重視人才等，具有濃的民本思想。《國語》記錄了春秋時期的經濟、財政、軍事、兵法、外交、教育、法律、婚姻等各種內容，對研究先秦時期的歷史非常重要。

上古時期─文壇鼻祖

從文學的發展角度來看,《國語》語言質樸,雖不及《左傳》,但比《尚書》、《春秋》等歷史散文還有所發展和提高。在記言和虛構故事情節中,其縝密、生動、精煉、真切的筆法,對後世進行文學創作有很好的借鑑意義。

此外,《國語》按照一定順序分國排列,在內容上偏重於記述歷史人物的言論,從而開創了以國分類的國別史體例,對後世產生了很大影響。

西晉史學家陳壽的《三國志》、北魏著名史學家崔鴻的《十六國春秋》、清代史學家吳任臣的《十國春秋》,都是《國語》體例的發展。

【旁注】

瞽矇:樂官。古代樂官多為盲人,故稱。《周禮・春官・樂師》中說:「瞽矇掌播鼗、柷、敔、塤、簫、管、弦、歌。」瞽矇也指盲人。宋代王安石在《上執政書》中說:「蓋聞古者至治之世,自瞽矇、昏聵、朱儒、蘧蒢、戚施之人,上所以使之,皆各盡其才。」

魯隱公:名息姑,魯國第十三代國君。魯國首任國君伯禽是當年訂立周朝規章禮儀的周公旦的長子,所以魯國一向被認為是與周王室最親且最有地位諸侯國,是所有諸侯國中

保留周禮最完整的「禮儀之邦」，魯國的國史也是最完備的。

十三經：是指在南宋形成的十三部儒家經典。分別是《周易》、《尚書》、《詩經》、《周禮》、《儀禮》、《禮記》、《春秋左傳》、《春秋公羊傳》、《春秋穀梁傳》、《論語》、《孝經》、《爾雅》和《孟子》。

周穆王：名姬滿，姬姓，名滿，昭王之子，周王朝第五位帝王。世稱「穆天子」。關於他的傳說最著名的則是《穆天子傳》。穆天子東征西討，有力地鞏固了周王朝的統治。但常年征討，天子不在朝堂，導致朝政鬆弛，自穆王之後，周王朝開始由盛而衰。

智伯：名荀瑤，又稱知襄子，由於智氏出於荀氏，故《左傳》又稱之荀瑤。姬姓，智氏。春秋時期晉國卿大夫，智氏家族領主。他於西元前475年成為晉國執政，此後欲滅同列卿位的趙、魏、韓三家並取代晉國。後被趙國趙襄子擒殺，智氏就此衰落。

崔鴻（西元478年～西元525年）：字彥鸞，北魏著名史學家。歷官尚書兵部郎中、司徒長史、給事黃門侍郎、散騎常侍、齊州大中正、度支尚書、青州刺史等。卒贈鎮東將軍。主要成就是著作了《十六國春秋》。

吳任臣（西元1628年～西元1689年）：本名吳志伊，清代歷史學家、藏書家。精天官、樂律、奇王之書，為顧炎武

上古時期—文壇鼻祖

所推重,與吳農祥齊名。武林稱「二吳」。取家藏圖書,搜唐代後諸霸國事為《十國春秋》114卷。另有《山海經廣注》。

齊桓公:姜姓名小白。中國春秋時齊國國君。在位時期任用管仲改革,選賢任能,加強武備,發展生產,國力強盛。又多次會盟諸侯,成為中原霸主。桓公晚年昏庸,信用易牙、豎刁等小人,最終在內亂中餓死。

陳壽(西元233年～西元297年):字承祚。西晉史學家。歷任著作郎、長平太守、治書侍御史等職。280年,晉滅東吳,結束了分裂局面。陳壽當時48歲,開始撰寫《三國志》。

■【閱讀連結】

左丘明深得後世尊敬。左丘明逝世不久,人們即將他著述過的地方稱作「左傳精舍」,並代修葺。漢初,肥城置縣伊始,就在縣城興建「左傳精舍」並立重修碑。

唐太宗李世民頒《左丘明等二十一人配享孔子廟詔》,封左丘明為「經師」,從祀文廟。

元代著名學者張起巖稱左丘為「盲於目而不盲目於心者」。明世宗朱厚熜追封左丘明為「先儒」,敕建墓門坊,並親書「先儒之墓」。清禮部確認丘明之嫡孫為世襲奉祀生,並賜祭田18畝。

列子寓精微哲理於文章

列子，名寇，又名禦寇，或稱列圄寇、列圉寇，即今河南省鄭州人。戰國前期道家思想代表人物。

終生致力於道德學問，先後著書20篇，10萬多字，今存《湯問》、《周穆王》等8篇，共成《列子》一書，在中國古代文學史上獨占一席之地。列子後來被道教尊奉為「沖虛真人」。

列子終生致力於道德學問，曾隱居鄭國四十年，不求名利，清靜修道。主張循名責實，無為而治。

列子心胸豁達，貧富不移，寵辱不驚。因家中貧窮，常常吃不飽肚子，以致面黃肌瘦。有人勸鄭國執政的子陽資助列子，以搏個好士之名，於是子陽就派人送他十車糧食，他再三致謝，卻不肯收受實物。

他的妻子埋怨他不接受別人送的糧食，但列子認為子陽並不真的了解自己，他是聽了別人的話才送糧來的，說不定以後會聽別人的話怪罪自己呢！一年後，鄭國發生變亂，子陽被殺，其叛黨眾多被株連致死，列子卻因拒絕過子陽而得以安然無恙。

這樣的列子遺事至今鄭州民間還在流傳，康熙三十二年《鄭州志》也記載了這個故事。

列子崇尚玄學，據說修道煉成御風之術。據史籍記載，列子之學，本於黃帝、老子為宗。張湛《列子·序》認為，列子玄學思想在於「鉅細不限一域，窮達無假智力，治身貴於肆仕，順性則所至皆適，水火可蹈」。在列子看來，人應擺脫世間貴賤、名利的羈絆，順應大道，淡泊名利，清靜修道。

相傳列子曾向關尹子問道，拜壺子為師，後來又先後師事老商氏和支伯高子，得到他們的真傳。修道九年之後，他就能御風而行。

古代小說集《述異記》中說，列子常在立春這一天，乘風暢遊八荒，立秋日就反歸「風穴」，風至則草木皆生，去則草木皆落。

莊子《逍遙遊》中描述列子乘風而行的情景「泠然善也，旬有五日而後反。」他駕風行到哪裡，哪裡就枯木逢春，重現生機。

事實上，《莊子》一書中常常虛構一些子虛烏有的人物，如「無名人」、「天根」，當然都虛構誇張之詞。這些記載雖然誇張，但也間接反映了列子道家學問的精深和列子超然物外的道家風範。

一個人能飄然飛行，逍遙自在，其輕鬆自得的精神境

界，從某種意義上也是令人羨慕的。

《列子》一書的成書過程大體經歷三個階段。

第一階段，列子稍後，門人據其活動與言論編撰而成，不止八篇；第二階段，漢代學者班固在此基礎上補充整理，而成《漢書‧藝文志》上著錄的8篇之數；第三階段，東晉學者張湛據自己祖上藏書及在戰亂後收集到殘卷，依照《漢書‧藝文志》所記8篇，編撰成今本《列子》。

由於在編撰過程中，為疏通文字，連綴篇章，必然加進編撰者本人的一些思想與他編的一些內容，所以，歷三時而成書的《列子》，雜就難免了。

尤其是在晉代，當時的玄學已成風氣，從張湛編撰的《列子》中，不難看出當時的學界思想對《列子》一書的滲透式影響。

如今《列子》版本不下幾十種，而且各版本內容相差不遠，有大量寓言、民間故事、神話傳說等，書中意旨大致歸同於老子、莊子。

《列子》全書8篇，140章，由哲理散文、寓言故事、神話故事、歷史故事組成。而基本上則以寓言形式來表達精微的哲理。

共有神話、寓言故事102個。如《黃帝篇》有19個，《周穆王篇》有11個，《說符篇》有30個。這些神話、寓言故事

和哲理散文，篇篇閃爍著智慧的光芒。

《列子》裡面的許多寓言故事和神話傳說都不乏教益的作品。如《列子學射》、《紀昌學射》和《薛譚學謳》三個故事分別告訴我們：在學習上，不但要知其然，還要知其所以然；真正的本領是從勤學苦練中得來的；知識技能是沒有盡頭的，不能只學到一點就滿足了。還有情節離奇的《妻不識夫》告訴人們，一個人是可以移心易性的。

《列子‧說符》中有個《關尹子教射》的故事。列子學習射箭，射中了靶子，去請教關尹子。關尹子問他知不知道能射中靶子的原因，列子回答說不知道。

關尹子就讓他回去再練。過了3年，列子又來向關尹子求教。關尹子又問他為什麼能射中靶子的原因，列子說知道了。關尹子這才認可，並教導他：不但是射箭，治理國家以及自我修養，都要像這個樣子。

這則寓言告訴人們，凡事只有知其所以然，掌握其中的規律，才能精益求精地把事情辦好。

此外，在《列子》一書中，列子認知到了人類活動對自然界會產生影響，會破壞人與自然和諧相處。如《黃帝》篇中講道：

禽獸之智有自然與人童者，其齊欲攝生，亦不假智於人也；牝牡相偶，母子相親；避平依險，違寒就溫；居則有群，

行則有列;小者居內,壯者居外;飲則相攜,食則鳴群。太古之時,則與人同處,與人並行。帝王之時,始驚駭散亂矣。逮於末世,隱伏逃竄,以避患害。

在這一段文字中,《列子》十分詳細地論述了原本與人和諧相處的禽獸,因為人的活動而使這種狀態受到影響。從太古之時的「與人同處,與人並行」,到帝王之時的「見人而驚駭散亂」再到末世的「隱伏逃竄,以避患害」。

說明人類文明的發展導致了人與動物和諧關係的破滅。表達了對人類文明發展中,人對自然環境破壞的一種擔憂,是對人類自身活動的一種反思。

在寓言的運用從這一點上,《列子》完全可以與古希臘的《伊索寓言》相媲美,但在意境上遠遠超越《伊索寓言》。

此外,《列子》中的成語以「四字格」作為其典型形式,且大部分為聯合式結構,其中大部分以寓言性成語為主,展現出濃厚道家思想。《列子》中的成語對古漢語知識的保存和後世雙音詞、成語的形成都有重要影響。

《列子》一書是中國古代思想史上的重要著作之一。其思想與道家十分接近,後來被道教奉為經典。書中記載了許多民間故事、寓言和神話傳說,因而在中國古代文學史上也有一定地位。書中還有大量的養生與古代氣功的論述,亦值得研究。

《列子》是中國古代思想文化史上著名的典籍,屬於諸家

學派著作,是一部智慧之書,它能啟迪人們心智,給予人啟示,給予人智慧。

【旁注】

鄭國:中國歷史上春秋戰國時代的一個諸侯國,國君為姬姓,伯爵。西周末封於鄭,在近畿之棫林,今陝西省鳳翔南,後遷拾,今陝西省華陰市,後東遷都新鄭,今河南省新鄭附近。其疆域約有今河南省北半省之中部。

玄學:是對《老子》、《莊子》和《周易》的研究和解說。產生於魏晉。是魏晉時期的主要哲學思想,是道家和儒家融合而出現的一種哲學和文化思想。可以說是道家之學中一種新的表現方式,故又有新道家之稱。

張湛:字處度,高平人。東晉學者、養生學家。撰有《養生要集》、《列子注》、《沖虛至德真經注》等。在《列子注》中說「群有以至虛為宗,萬品以終滅為驗」,「往往與佛經相參」。說明當時玄學已受到佛學影響。

壺子:即壺丘子,名林,戰國時期鄭國人。列子之師。《莊子》裡世間最高深莫測的人,莫過於壺子。壺子曾經教導列子拋掉所有不良愛好,返璞歸真,走自己的路。

關尹子:「關尹子」只是以官代名而已。關,是指老子出

函關的關,守關的人叫關令尹,名字叫喜,所以稱為關令尹喜,後人尊稱為關尹子。相傳西出函關時,函關守令尹喜久仰老子大名,所以盛情款留,希求指教。老子為留《道德經》五千言,騎牛西去。

班固(西元 32 年～92 年):字孟堅,扶風安陵人。東漢官吏、史學家、文學家。潛心 20 餘年,修成《漢書》,當世重之,遷玄武司馬,撰《白虎通德論》,征匈奴為中護軍,兵敗受牽連,死獄中。善辭賦,有《兩都賦》等。

■【閱讀連結】

列子生前御風而行逍遙遊,終得成仙昇天,為後人留下了八卦御風臺。

八卦御風臺在鄭州東的高崗上,為一八角形高臺,上繪八卦圖,旁有列子雕像。

那裡山高林密,雲纏霧繞,風吹樹響,站在御風臺前,望著列子雕像,真能感覺到幾分神仙風彩。故鄭州人將此景色謂之「卦臺仙景」,列入鄭州八景之一。

後人來瞻仰列子祠,遊御風臺,佩服先賢的高風亮節,羨慕列子的御風而行,不由慷慨讚嘆,吟詩題詠。

上古時期—文壇鼻祖

中古時期 —— 華章妙手

　　秦漢至隋唐是中國歷史上的中古時期。在秦王朝建立到唐末的 1,100 多年間,中國造就了若干作家群體,為泱泱社會芸芸眾生樹立了正義及道德模範。

　　如司馬相鋪張揚厲的漢賦,劉向、司馬遷史著中的文學成就,曹植的磊落清新之美與蕭統的蒐羅宏富之功,還有韓愈以其富有特色的散文開啟了唐宋古文運動語言和文體的新風。

　　這些巨匠沉澱了自我生命的泡沫,以他們的妙筆華章,展現了多姿多彩的人格與文風。

司馬相如賦才天縱

司馬相如（約西元前179～前127年），字長卿。生於西漢巴郡安漢縣，即今四川省南充市蓬安縣；一說生於四川省成都。

西漢大辭賦家，漢賦的奠基人。其代表作品為《子虛賦》、《上林賦》。魯迅在《漢文學史綱要》中說：「武帝時文人，賦莫若司馬相如，文莫若司馬遷。」

司馬相如在小時候，因為很佩服戰國時期趙國的大將藺相如，就把名字改為司馬相如。

他很聰明，喜歡讀書、練字和擊劍，後來逐漸成長為一個文武全才的人。然而相如一身本事，卻是一個功名也沒有，家裡用錢給他買了個官，在漢景帝身邊侍奉。但他並不喜歡這個官職。

有一次，梁孝王劉武來見漢景帝，梁王手下有不少文人墨客，相如和他們很談得來，於是就向景帝推說有病，辭掉了官職，跟著梁王回去了。他與那些文人們朝夕相處，就在此時，他為梁王寫了一篇著名的《子虛賦》。

司馬相如賦才天縱

梁王去世以後,相如便回到家裡,這時他的家已經很貧窮了,他又沒有什麼謀生的技能。由於他與臨邛的縣令關係很好,於是便去投奔了他。

臨邛一個叫卓王孫的富戶,聽說縣令家來了客人,便大擺宴席邀請縣令與相如到他家做客,實際上是為了巴結縣令。

在縣令的一再要求下,他只好前去赴宴。酒喝到一半時,縣令說:「聽說你很會彈琴,能不能彈上一曲助助興呢?」相如推辭不過,便動手彈奏《鳳求凰》琴曲。

卓王孫有個女兒,叫卓文君,剛剛死了丈夫,就搬回娘家來住。卓文君非常喜歡音樂,又聽說司馬相如人才出眾,便在他彈琴的時候,在外面偷偷地看。卓文君一下子被相如的風采所迷住了,愛上了司馬相如。

司馬相如這時已經發現了卓文君在偷看自己,他也對文君產生了愛慕之心,便在琴聲中暗藏愛意,向文君表明自己的心意。

酒宴之後,司馬相如透過卓文君的侍婢向她轉達心意,卓文君便於深夜逃出家門,與司馬相如私奔,到了成都司馬相如的老家。

當時司馬相如家裡徒有四壁,但兩人決定用自己的雙手

中古時期─華章妙手

來創造一切。為了謀生，他們開了一家酒店，卓文君賣酒，相如釀酒，他們的日子過得有滋有味，他們的愛情成為千古佳話。

過了很久，漢景帝去世，漢武帝劉徹即位。劉徹有一次看到《子虛賦》非常喜歡，以為是古人之作，嘆息自己不能和作者同時代。當得知此賦為司馬相如所作時，劉徹驚喜之餘馬上召司馬相如進京。

司馬相如向武帝表示說：「《子虛賦》寫的只是諸侯打獵的事，算不了什麼，請允許我再作一篇天子打獵的賦。」

於是，司馬相寫了一篇內容上與《子虛賦》相似的《上林賦》，而且文字辭藻都更加華美壯麗。

此賦以維護國家統一、反對帝王奢侈為主旨，既歌頌了統一大帝國無可比擬的聲威，又對君王有所諷諫，開創了漢代大賦的一個基本主題。此賦一出，司馬相如被劉徹封為郎。

漢代最重要的文學樣式是賦，而司馬相如是公認的漢賦代表作家和賦論大師，也是一位文學大師和美學大家。司馬相如文思蕭散，控引天地，錯綜古今。他的才華，在《子虛賦》和《上林賦》中表現得淋漓盡致。

《子虛賦》透過楚國的子虛先生講述隨齊王出獵，齊王問

及楚國,極力鋪排楚國之廣大豐饒,以至雲夢不過是其後花園之小小一角。烏有先生不服,便以齊之大海名山、異方殊類,傲視子虛。總的來看都是張揚大國風采、帝王氣象。

《上林賦》作為司馬相如最重要的代表作,是文學史上第一篇全面展現漢賦特色的大賦。此賦以誇張的筆調描寫了漢天子上林苑的壯麗及漢天子遊獵的盛大,歌頌了統一王朝的聲威和氣勢。在寫作上,它充分展現了漢大賦鋪張誇飾的特點,規模宏大,敘述細膩。

《子虛賦》與《上林賦》構成姐妹篇,都是漢代文學確立的代表作品。魯迅先生在《漢文學史綱要》中指出:

> 蓋漢興好楚聲,武帝左右親信,如朱買臣等,多以楚辭進,而相如獨變其體,益以瑋奇之意,飾以綺麗之辭,句之短長,亦不拘成法,與當時甚不同。

這就概括了司馬相如在文體創新方面的非凡成就。正是這種成就,使司馬相如成為當之無愧的漢賦奠基人。

司馬相如還寫過《司馬相如上書諫獵》、《長門賦》等,都是文采華茂,意境高遠的上乘之作。

此外,司馬相如也是漢代很有成就的散文名家,其散文流傳至今的有《諭巴蜀檄》、《難蜀父老》、《諫獵疏》、《封禪文》等。

中古時期—華章妙手

　　雖然有部分著作在歷史上發揮了一些負面作用，但從整體上看，在語言的運用和形式的發展等方面，司馬相如對漢代辭賦和散文做出了重要的貢獻。

　　司馬相如是中國文化史文學史上傑出的代表，是西漢盛世漢武帝時期偉大的文學家。2,000多年來，司馬相如在文學史上一直享有崇高的聲望，產生了深遠的影響。

　　兩漢作家，絕大多數對他十分佩服，其中最有代表性的是偉大的歷史學家司馬遷。在整個《史記》中，專為文學家立的傳只有兩篇：一篇是《屈原賈生列傳》，另一篇就是《司馬相如列傳》，僅此即可看出司馬相如在司馬遷心目中的重要地位。

　　並且在《司馬相如列傳》中，司馬遷全文收錄了他的3篇賦、4篇散文，以至《司馬相如列傳》的篇幅大約相當於《賈生列傳》的6倍。這就表明，司馬遷認為司馬相如的文學成就是超過賈誼的。

　　司馬相如被班固、劉勰稱為「辭宗」，被王應麟、王世貞等後世學者稱為「賦聖」。同時，司馬相如與卓文君不拘封建禮教的束縛，追求自由、幸福的愛情婚姻的勇敢行為，遠在西元前就演示了自由戀愛的愛情經典，被譽為「世界十大經典愛情之首」，聞名中外。後人則根據他兩人的愛情故事，譜得琴曲《鳳求凰》流傳至今。

司馬相如賦才天縱

■【旁注】

藺相如：戰國時趙國上卿，今山西柳林孟門人，一說山西古縣藺子坪人，官至上卿，趙國宦官頭目繆賢的家臣，戰國時期著名的政治家、外交家。根據《史記・廉頗藺相如列傳》記載，他的生平最重要的事蹟有完璧歸趙、澠池之會與負荊請罪3個事件。

《鳳求凰》：古琴曲。以「鳳求凰」為比興，包含了熱烈的求偶，象徵著男女主角的理想、旨趣和知音的默契。全曲音節流暢，感情熱烈奔放而又深摯纏綿，融楚辭騷體的旖旎綿邈和漢代民歌的清新明快於一爐。即使是後人偽託之作，亦並不因此而減弱其藝術價值。

上林苑：是漢武帝劉徹於西元前138年在秦代的一個舊苑址上擴建而成的宮苑，規模宏偉，宮室眾多，有多種功能和遊樂內容。今已無存。上林苑亦是當時漢武帝尚武之地，在此處有皇帝的親兵羽林軍，並由後來的大將軍衛青統領。

賈誼：洛陽人。西漢初年著名的政論家、文學家。其著作主要有散文和辭賦兩類。散文如《過秦論》、《論積貯疏》、《陳政事疏》等都很有名；辭賦以《吊屈原賦》、《鵩鳥賦》最著名。

劉勰：字彥和，祖籍山東莒縣。南北朝時期文學理論家。

中古時期─華章妙手

以一部《文心雕龍》奠定了他在中國文學史上和文學評論史上不可或缺的地位。

梁孝王劉武：西漢時期的貴族，與館陶公主、漢景帝同為竇太后所出。劉武在位期間曾帶兵抵禦「七國之亂」中吳王劉濞的進攻，功勞極大，後仗母后疼寵和梁國土地廣大準備爭奪皇儲之位。在位23年，諡號「孝」，故號梁孝王。葬於永城芒碭山。

卓文君：西漢臨邛人，漢代才女。精通音律。與漢代著名文人司馬相如的一段愛情佳話至今仍被人津津樂道。也有不少佳作流傳後世。代表作品《白頭吟》

漢武帝劉徹（西元前156～前87年）：幼名劉彘。漢朝的第五代皇帝。在位54年。諡號「孝武皇帝」，廟號世宗。中國歷史上著名的政治家、策略家。他以雄才大略、文治武功，使漢朝成為當時世界上最強大的國家，贏得了前所未有的尊嚴。

王應麟（西元1223年～1296年）：字伯厚，號深寧居士，又號厚齋。祖籍河南省開封，後遷居慶元府鄞縣。南宋官員、學者。涉獵經史百家、天文地理，熟悉掌故制度，長於考證。一生著述頗豐，計有20餘種、600多卷，相傳《三字經》為其所著。

王世貞（西元 1526 年～ 1590 年）：字元美，號鳳洲，又號弇州山人。太倉人。明代文學家、史學家。「後七子」領袖之一。有《弇山堂別集》、《嘉靖以來首輔傳》、《觚不觚錄》、《弇州山人四部稿》等。

【閱讀連結】

據《史記》記載，司馬相如「少時好讀書，學擊劍，故其親名之曰犬子」。也就是說「犬子」其實是他的乳名，或者名字。「犬子」之稱，只是司馬相如的父母為了小兒好養活特意選的一個低賤的字詞，以遠離鬼魅。

司馬相如長大後自己改了名字，「犬子」才成了小名。隨著司馬相如的成名，「犬子」也不斷為人所知。因為司馬相如的影響，人們謙稱自家兒郎，便紛紛用上了「犬子」一詞，傳至今日，成為百姓日常用語中的習慣。

中古時期—華章妙手

劉向著史書暢所欲言

劉向（約西元前 77～前 6 年），原名更生，字子政。生於西漢時沛縣，即今江蘇省徐州市。西漢經學家、目錄學家和文學家。

撰有《別錄》、《說苑》、《列女傳》等。而其所著《戰國策》33 卷，不僅展示了戰國時代的歷史特色和社會風貌，同時是研究戰國歷史的重要典籍，且具有很高的文學價值。

劉向歷經 3 朝帝王，歷任散騎諫大夫、散騎宗正、光祿大夫等職。官終中壘校尉，故後世稱劉中壘。曾屢次上書彈劾宦官外戚專權。

漢成帝時受詔命校書近 20 年，未完成的工作由其子劉歆續成。劉歆以《別錄》為基礎撰成的《七略》，成為中國最早的目錄學著作。

據東漢班固《漢書・藝文志》載，劉向有辭賦 33 篇，今僅存〈九嘆〉一篇，見於《楚辭》。劉向典校的古籍主要包括經傳、諸子和詩賦。典校時，又撰有《別錄》。

劉向的散文主要是奏疏和校讎古書的「敘錄」，較有名

的有《諫營昌陵疏》和《戰國策敘錄》，其敘事簡約，論理暢達、舒緩平易是其主要特色。

劉向編著了《新序》、《說苑》、《古列女傳》3部歷史故事集，是魏晉小說的先驅。

《新序》是劉向收集舜、禹至漢代史實，分類編撰而成的一部書，原書30卷，今存10卷，由北宋曾鞏校訂。記載了相傳是宋玉對楚王問的話，列舉了楚國流行歌曲《下里巴人》、《陽阿》、《薤露》等。

《說苑》按類編輯了先秦至西漢的一些歷史故事和傳說，並夾有作者的議論，借題發揮儒家的政治思想和道德觀念，帶有一定的哲理性。

《列女傳》是一部介紹中國古代婦女行為的書籍，也有觀點認為該書是一部婦女史。

西漢時期漢成帝皇后趙飛燕失寵後，招來一批壯碩美男淫亂無度，光祿大夫劉向看到趙皇后如此淫亂，實在忍無可忍，但又不便明白指出，只好費了許多功夫，引經據典，蒐羅昔時賢後貞婦，興國保家之事，寫成了一冊《列女傳》。

呈獻漢成帝作為諷勸，力斥孽嬖為亂亡之徵兆，以盼望朝廷有所警惕。漢成帝嗟嘆至三，頻頻予以嘉勉，但就是不講實質性的話，也終究未因此做出實際的行動，但是劉向的《列女傳》卻因而流傳下來。

在劉向的所有作品中，最為著名的當屬《戰國策》，此書以其文獻價值和文學價值流傳於世。

《戰國策》又稱《國策》，是一部國別體史書，也是中國古代的一部歷史學名著。《戰國策》所記錄的多是戰國時縱橫家為其所輔之國的政治主張和外交策略，因此劉向把這本書名為《戰國策》，沿用至今。北宋時，《戰國策》散佚頗多，經曾鞏校補，是為今本《戰國策》。

《戰國策》全書按東周、西周、秦國、齊國、楚國、趙國、魏國、韓國、燕國、宋國、衛國、中山國依次分國編寫，分為12策，33卷，共497篇，約12萬字。所記載的歷史，上起西元前490年智伯滅范氏，下至西元前221年高漸離以築擊秦始皇。是古代歷史散文成就最高，影響最大的著作之一。

在史學上，《戰國策》在中國古代史上曾占有很重要的史料地位。

《戰國策》是中國古代記載戰國時期政治鬥爭的一部最完整的著作，是當時縱橫家遊說之辭的彙編。當時戰國七雄合縱連橫、政權更迭，這些風雲變幻與戰爭綿延，都與謀士獻策、智士論辯有關，因而具有重要的史料價值。《戰國策》是繼《春秋》之後，訖楚漢之起，共254年的歷史記載，補足了這段時間的史料空白。《戰國策》保存了許多珍貴史料，

有許多是獨家占有之史料,是司馬遷修《史記》取材的唯一史料來源。司馬光著《資治通鑑》,戰國時史料也取自《戰國策》。

在文學上,《戰國策》有文辭之勝,具有濃厚的藝術魅力和文學趣味,在中國古典文學史上也占有重要地位。

《戰國策》所記人物是複雜的,有縱橫家如蘇秦,有義士如魯仲連、唐雎,有不怕死的勇士如荊軻、聶政,等等,所有人物的描寫形象極為生動,而且善於運用巧妙生動的比喻,透過有趣的寓言故事,增強文章的感染力。著名的寓言有「畫蛇添足」、「亡羊補牢」、「狡兔三窟」、「狐假虎威」、「南轅北轍」等。

《戰國策》的文章長於說事,無論個人陳述或雙方辯論,都喜歡渲染誇大,充分發揮,暢所欲言,具有很強的說服力。《戰國策》對中國兩漢以來史傳文、政論文的發展都產生積極影響。

【旁注】

漢成帝:名劉驁。西漢第十二位皇帝。諡號「孝成皇帝」,葬於延陵,廟號統宗。歷史上對他的定評是「耽於酒色」。他自甘墮落,迷戀酒色,荒淫無道,不理朝政,最後竟死在「溫柔鄉」中。

中古時期—華章妙手

劉歆：字子駿，西漢末年人，他是漢高祖劉邦異母弟楚元王劉交的五世孫、宗正劉向之子，西元前 6 年改名為劉秀。是中國儒學史上的一個重要人物，後因謀誅王莽之事敗露而自殺。

宋玉：又名子淵，相傳他是屈原的學生。戰國時鄢，今襄樊宜城人。相傳所作辭賦甚多，《漢書·卷三十·藝文志第十》錄有賦 16 篇，今多亡佚。流傳作品有〈九辨〉等。

趙飛燕：原名宜主，生於漢代吳縣，即今江蘇省蘇州市。是西漢漢成帝的皇后和漢哀帝時的皇太后。趙飛燕在中國歷史上是一位傳奇人物和神話般的美女。中國歷代文人學士在吟詩作賦時多提到她的名字。

縱橫家：出現於戰國至秦漢之際，多為策辯之士，可稱為中國 5,000 年中最早也最特殊的外交政治家。創始人鬼谷子，傑出代表人物有：蘇代、姚賈，蘇秦，張儀，公孫衍，《漢書·藝文志》列為「九流」之一。

高漸離：戰國末燕，即今河北省定興縣人，擅長擊築這種擊絃樂器。荊軻的好友。荊軻刺秦王時，高漸離與太子丹送之於易水河畔，高漸離擊築，高歌「風蕭蕭兮易水寒，壯士一去兮不復還。」

曾鞏（西元 1019 年～ 1083 年）：字子固，世稱「南豐先生」。建昌南豐，今屬江西人，北宋政治家、散文家。「唐宋

八大家」之一，為「南豐七曾」之一。在學術思想和文學事業上貢獻卓越。

秦始皇（西元前 259 年～前 210 年）：名嬴政，秦莊襄王之子。戰國時秦國國君，秦王朝的建立者。在位 37 年，稱王 25 年，稱帝 12 年。他統一了古代中國，結束了當時四分五裂的局面。被後人稱為「千古一帝」。

司馬光（西元 1019 年～1086 年）：字君實，號迂叟，陝州夏縣，今山西夏縣人，世稱涑水先生。北宋政治家、文學家、史學家。卒贈太師、溫國公，諡「文正」。主持編纂中國歷史上第一部編年體通史《資治通鑑》。著有《稽古錄》、《涑水記聞》、《潛虛》等。

【閱讀連結】

劉向、劉歆父子是西漢後期著名的古典文獻專家和歷史學家。據《漢書·本傳》記載，漢宣帝時，劉向曾「講論《五經》於石渠」；漢成帝時，劉向奉皇命校勘皇家館藏經書，「領校中《五經》祕書」。

劉歆「受詔與父向領校祕書，講六藝傳記，諸子、詩賦、數術、方技，無所不究」。劉歆的《七略》，尤其是其中的《諸子略》，在思想史上占有重要地位。在古籍整理發展中，劉向父子同樣做出了卓絕的貢獻。

中古時期─華章妙手

司馬遷無韻之離騷

　　司馬遷，字子長，生於西漢時夏陽，即今陝西省韓城。西漢史學家和文學家。被世人稱為「歷史之父」。

　　所著《史記》是中國第一部紀傳體通史，同時在文學史上取得了輝煌的藝術成就。因此，魯迅稱之為「史家之絕唱，無韻之離騷。」

　　據說司馬遷家自唐虞至周，都是世代相傳的史學家和文學家。受家庭的影響，司馬遷從10歲起就能誦讀古文。10歲以後，他跟隨父親來到當時的國都長安，學習經書和史學。

　　在都城長安，司馬遷曾直接聆聽著名學者、經學大師孔安國、董仲舒等人講經，跟孔安國學習古文《尚書》，聽董仲舒講《公羊春秋》，諳熟了當時的古文經學和今文經學理論，受益匪淺。此外，他還藉助父親太史令這樣一個便利條件，閱讀了大量古籍、經典、百家論著和皇家檔案。

　　從20歲開始，司馬遷便到全國各地進行有目的的遊覽考察。他南遊江淮，北過齊魯，到了漢高祖劉邦的故鄉徐州沛

縣,參訪西楚霸王項羽的出生地彭城,等等。他曾奉命出征西南夷,涉過巴山蜀水,一直深入到雲南腹地而返。

在遊歷過程中,司馬遷廣泛接觸到社會各方面的情況,尤其是對百姓的疾苦有了更深刻的認知。這既使他開闊了眼界,又增長了知識,為他以後撰寫《史記》,提供了大量詳實可靠的歷史資料。

西元前111年,司馬遷的父親去世。這是司馬遷一生中的一個轉捩點。其父臨終前,要司馬遷修一部史書。司馬遷經過充分準備,於西元前104年開始著手撰寫《史記》。但正當他專心致力於《史記》的創作時,卻遇上了飛來橫禍,這就是李陵事件。

西元前99年,漢武帝派自己寵妃李夫人的哥哥李廣利領兵討伐匈奴,另派別將李陵隨從李廣利押運輜重。李陵帶領5,000步卒孤軍深入浚稽山,與單于遭遇。經過八晝夜的戰鬥,李陵斬殺了10,000多匈奴,但由於他得不到主力部隊的後援,結果彈盡糧絕,被迫投降。

李陵兵敗的消息傳到長安後,大臣們都譴責李陵不該貪生怕死,向匈奴投降。漢武帝問太史令司馬遷,聽聽他的意見。

司馬遷說:「李陵帶去的步兵不滿五千,他深入到敵人的腹地,打擊了幾萬敵人。雖然打了敗仗,可是殺了這麼多敵

人,也可以向天下人交代了。李陵不肯馬上去死,準有他的主意。他一定還想將功贖罪來報答陛下。」

漢武帝聽了,認為司馬遷這是為李陵辯護,有意貶低李廣利,於是下令將司馬遷打入大牢,並處腐刑。

司馬遷並沒有在獄中消沉下去,他想:從前周文王被關在羑裡,寫了一部《周易》;孔子周遊列國的路上被困在陳蔡,後來編了一部《春秋》;屈原遭到放逐,寫了《離騷》;左丘明眼睛瞎了,寫了《國語》;孫臏被剜掉膝蓋骨,寫了《兵法》。還有《詩經》三百篇,大都是古人在心情憂憤的情況下寫的。

這些著名的著作,都是作者心裡有鬱悶,或者理想行不通的時候,才寫出來的。我為什麼不利用這個時候把這部史書寫好呢?

司馬遷在《報任安書》中曾詳細地敘述了自己痛苦的思想過程,對死亡的看法以及忍辱負重活下來的決心。他說,人都有一死,「或重於泰山,或輕於鴻毛。」如果自己這樣不明不白地死了,既無法實現自己的遠大理想和父親的願望,也死得像鴻毛一樣輕不可言。

4年後,司馬遷被赦出獄,從此更加專心寫作。西元前91年,他用畢生精力和心血寫成的《史記》這部不朽鉅著終於問世了。

司馬遷無韻之離騷

《史記》是由司馬遷撰寫的中國第一部紀傳體通史。書中記載了從傳說中的黃帝時代開始,一直到漢武帝太始二年,即西元前 95 年為止共,3,000 多年的歷史。

《史記》最初沒有書名,或稱「太史公書」、「太史公傳」,也稱「太史公」。「史記」本是古代史書的通稱,從三國時期開始,「史記」由史書的通稱逐漸演變成「太史公書」的專稱。

《史記》與班固的《漢書》、范曄和司馬彪的《後漢書》、陳壽的《三國志》合稱「前四史」。與宋代司馬光編撰的《資治通鑑》並稱「史學雙璧」。

《史記》共 130 卷,有 12 本紀、10 表、8 書、30 世家、72 列傳,約 52 字。其中本紀和列傳是主體。

「本紀」是全書提綱,按年月時間記述帝王的言行政績;「表」用表格來簡列世系、人物和史事;「書」則記述制度發展,涉及禮樂制度、天文兵律、社會經濟、河渠地理等諸方面內容;「世家」記述子孫世襲的王侯封國史蹟和特別重要人物事蹟;「列傳」是帝王諸侯外其他各方面代表人物的生平事蹟和少數民族的傳記。

魯迅說《史記》是「史家之絕唱,無韻之離騷」,說明它除了建立通史體裁外,在文學方面,《史記》也取得了輝煌的成就。

中古時期─華章妙手

　　首先,《史記》作為中國第一部以描寫人物為中心的大規模作品,為後代文學的發展提供了一個重要基礎和多種可能性。《史記》為中國文學建立了一批重要的人物原型。

　　在後代的小說、戲劇中,所寫的帝王、英雄、俠客、官吏等各種人物形象,有不少是從《史記》的人物形象演化出來的。由此可見,它對古代的小說、戲劇、傳記文學等文學藝術形式,都有廣泛而深遠的影響。

　　其次,在傳記文學方面,由於《史記》的紀傳體為後代史書所繼承,由此產生了大量的歷史人物傳記。雖然後代史書的文學性明顯不如《史記》,但其數量浩如瀚海,如果將其中的優秀傳記提取出來,也是極為可觀的。

　　此外,史傳以外的別傳、家傳、墓誌銘等各種形式的傳記,也與《史記》所開創的傳記文學傳統有淵源關係。

　　對於《史記》在文學藝術上的成就,可以總結出以下三大特色:

　　一是精妙的敘事藝術。該書綜合前代史書中各種體例,創立了紀傳體的通史,由書、表、本紀、世家、列傳,共同形成了縱橫交錯的結構;各層次人物傳記的排列是以時間為序,但又兼顧各傳記之間的內在連結,遵循著以類相從的原則;追根求源,詳因略果;條理清晰。

二是精采的人物刻劃。平民被第一次列入史傳;人物個性鮮明,且多元透視;利用「互現」法,即在一片傳記中著重表現他的主要特徵,而其他方面的性格特徵則放在別人的傳記中顯示。

三是悲壯的風格特徵。宏廓畫面和深邃意蘊;濃郁的悲劇氣氛;強烈的傳奇色彩。

司馬遷及其《史記》的影響是深遠的。20世紀以來,司馬遷與《史記》的學術研究隊伍日益壯大,學者除了對司馬遷生年、生平、家世和《史記》的名稱、斷限、體制、取材、篇章殘缺與補竄等具體問題的考證之外,更加擴展了《史記》的綜合整合研究。

他們以文獻為本,汲取本土考古學成果,結合西方史學學理與方法,考證精嚴,論斷謹慎,邏輯分析嚴密,極大地推動了《史記》從「史料學」到「《史記》學」的進展,突破性成果頗多。

例如王國維首用甲骨文、金文證明《史記》記載的三代歷史為可信,從王國維與郭沫若同用漢簡考證司馬遷的生年到陳直的《史記新證》,都可看出考古文獻得到了極大利用。

中古時期—華章妙手

■【旁注】

紀傳體：史書的一種形式。司馬遷首創。是以本紀、列傳人物為綱、時間為緯、反映歷史事件的一種史書編纂體例。紀傳體史書的突出特點是以大量人物傳記為中心內容，是記言、記事的進一步結合。

孔安國：字子國，孔子十一代孫。武帝時，官諫大夫，臨淮太守。能讀懂《古文尚書》、《禮記》、《論語》及《孝經》中的蝌蚪文，著《古文尚書》、《古文孝經傳》、《論語訓解》。

太史令：也稱太史，官職名，夏代末已有此職。西周、春秋時太史掌管起草文書，策命諸侯卿大夫，記載史事，編寫史書，兼管國家典籍、祭祀等，為朝廷大臣。秦漢屬太常，隋屬祕書省，唐屬祕書省，元初設太史院時及明吳元年前稱太史令。

李陵：字少卿，隴西成紀，今甘肅靜寧南人。西漢將領，李廣之孫。曾率軍與匈奴作戰，戰敗投降匈奴，漢朝夷其三族，致使其徹底與漢朝斷絕關係。

周文王（西元前1152年～前1056年）：黃帝的後裔，季歷之子。商紂時被封為西伯，亦稱伯昌。其子武王姬發得天下後，追尊他為「文王」。治理岐山50年，國力大盛。孔子稱周文王為「三代之英」。

孫臏：中國戰國時期軍事家，兵家代表人物。曾輔佐齊國大將田忌兩次擊敗龐涓，取得了桂陵之戰和馬陵之戰的勝利，奠定了齊國的霸業。主要戰績是取得桂陵、馬陵之戰的勝利。著有《孫臏兵法》。

范曄（西元398年～445年）：字蔚宗，順陽，今河南淅川東人。南朝宋史學家。撰寫10紀，80列傳《後漢書》，原計畫的10志未及完成，便因謀反罪而被殺。今本《後漢書》中的8志30卷，是南朝梁劉昭從司馬彪的《續漢書》中拿出來補進去的。

世襲：世襲或世襲制度是指某專權一代繼一代地保持在某個血緣家庭中的一種社會概念。其中可分為政治世襲和經濟世襲兩類。中國古代是一個農業大國。農業生產使社會形成穩固的血緣家庭。世襲制概念在這種社會狀態下很容易被普遍群眾接受。

董仲舒（西元前179年～前104年）：生於漢代的廣川郡，西漢時期著名的唯心主義哲學家和今文經學大師。他把儒家的倫理概念概括為「三綱五常」，提出「罷黜百家，獨尊儒術」，漢武帝採納了董仲舒的建議，從此儒學成為官方思想，並延續至今。

屈原（西元前340年～前278年）：姓屈氏，名平，字原。是中國最早的浪漫主義詩人。創立「楚辭」文體，代表作品有

中古時期—華章妙手

《離騷》、《九歌》、《九章》、《天問》等。他的出現，標示著中國詩歌由集體歌唱轉變到個人獨唱的新時代。

王國維（西元 1877 年～1927 年）：字伯隅、靜安，號觀堂、永觀，浙江海寧鹽官鎮人。清末秀才。中國近現代在文學、美學、史學、哲學、古文字學、考古學等各方面成就卓越的學術大家，國學大師。著有《人間詞話》、《曲錄》、《觀堂集林》等。

【閱讀連結】

西元前 110 年，司馬遷的父親司馬談在漢武帝舉行大規模巡行封禪時病了，經過漢武帝的允許留在洛陽養病。正好司馬遷從長安匆匆趕去追隨漢武帝，在洛陽見到了他奄奄一息的父親司馬談。

司馬談語重心長地囑咐兒子司馬遷「終於立身，揚名於後世，以顯父母，此孝之大者」，並要司馬遷修一部史書。

司馬遷俯首流涕，發誓把父親已記錄、編排過的有關過去的紀錄，完整地書寫出來。洛陽相會，竟成為一對鍾情於歷史學的父子的生死之別。

曹植辭采華茂賦洛神

曹植（西元 192 年～ 232 年），字子建。因封陳王，故世稱陳思王。生於沛國譙，即今安徽省亳州市。曹操之子，曹丕之弟。

三國曹魏著名文學家，建安文學代表人物和集大成者。有《白馬篇》、《飛龍篇》、《洛神賦》，其中《洛神賦》為最。

曹植自幼穎慧，10 歲餘便誦讀詩、文、辭賦數十萬言，出言為論，落筆成文，深得曹操的寵愛。曹操曾經認為曹植在諸子中「最可定大事」，幾次想要立他為世子。然而曹植行為放任，不拘禮法，屢犯法禁，引起曹操的憤怒，而他的兄長曹丕則頗能矯情自飾，終於在立儲爭奪中漸占上風。

曹操病逝後，曹丕繼魏王位，不久又稱帝，即魏文帝。曹植的生活從此發生了變化。他從一個過著優遊宴樂生活的貴族王子，變成處處受限制和打擊的對象。

曹丕病逝後，曹叡繼位，即魏明帝。曹叡對他仍嚴加防範和限制，處境並沒有好轉。曹植在文、明兩帝曾被遷封過多次，最後於 232 年在封地陳郡逝世。

中古時期—華章妙手

曹植生前自編過作品選集《前錄》78 篇。去世後，魏明帝曹叡曾為之集錄著作百餘篇，《隋書‧經籍志》著錄有集 30 卷，又《列女傳頌》1 卷、《畫贊》5 卷。原集至北宋末散佚。今存南宋嘉定六年刻本《曹子建集》10 卷，輯錄詩、賦、文共 206 篇。明代所刻的《陳思王集》，大概據南宋本稍加釐定而成。

清代的《曹集銓評》和《曹集考異》，又對各篇細加校訂，並增補了不少佚文散句，為較全、較精的兩個本子。此外，還有近代的《曹子建詩注》和《曹植詩箋》，以及現在的《曹植集校注》。

詩歌是曹植文學活動的主要領域。前期與後期內容上有很大的差異，前期詩歌可分為兩大類：一類現他貴族王子的優遊生活，一類則反映他「生乎亂、長乎軍」的時代感受。

後期詩歌，主要抒發他在壓迫時憤慨而哀怨的心情，表現他不甘被棄置，希冀用世立功的願望。

今存曹植比較完整的詩歌有 80 餘首。曹植在詩歌文學上有很多創新。特別是在五言詩的創作上貢獻尤大。漢樂府古辭多以敘事為主，至《古詩十九首》，抒情成分才在作品中占重要地位。

曹植擴大了這種現象，把抒情和敘事結合起來，使五言詩既能描寫複雜的事情變化，又能表現曲折的心理感受，大

大豐富了它的藝術價值。

曹植還是建安文學之集大成者,對於後世的影響很大。在兩晉南北朝時期,他被推尊到文章典範的地位。南朝大詩人謝靈運更是讚許有佳:「天下才共一石,子建獨得八斗,我得一斗,天下共分一斗。」

成語「才高八斗」便是由此得來。王士禎曾經論漢魏以來2,000年間詩家堪稱「仙才」者,說只有曹植、李白、蘇軾三人。

曹植不僅在詩歌創作方面有傑出成就,其賦繼承兩漢以來抒情小賦的傳統,又吸收楚辭的浪漫主義精神,為辭賦的發展開闢了一個新的境界。這方面的代表就是《洛神賦》。

《洛神賦》原名《感鄄賦》、《感甄賦》,「甄」通「鄄」,是曹植的浪漫主義名篇。作者以浪漫主義的手法,通過夢幻的境界,描寫人神之間的真摯愛情,但終因「人神殊道」無從結合而惆悵分離。

此賦以幻覺形式,敘寫人神相戀,終因人神道殊,含情痛別。或以為假託洛神,寄心文帝,抒發衷情不能相通的政治苦悶。全賦多方著墨,極力描繪洛神之美,生動傳神。格調悽豔哀傷,辭采華茂。

《洛神賦》具有突出的文學特點:

一是想像豐富。曹植想像從京城洛陽啟程，東歸封地鄄城。途中，在洛川之邊，停車飲馬，在陽林漫步之時，看到了洛神宓妃，她的體態搖曳飄忽像驚飛的大雁，婉曲輕柔像是水中的游龍，鮮美、華麗較秋菊、茂松有過之，姣如朝霞，純潔如芙蓉，風華絕代。

隨後他對她產生愛慕之情，託水波以傳意，寄玉珮以定情。然她的神聖高潔使他不敢造次。洛神終被他的真情所感動，與之相見，傾之以情。但終因人神殊途，結合無望，與之惜別。想像絢爛，浪漫悽婉之情淡而不化，令人感嘆，惆悵絲絲。

二是辭藻華麗而不浮躁，清新之氣四逸，令人神爽。通篇講究排偶，對仗，音律，語言整飭、凝練、生動、優美。取材及構思，漢賦中無出其右。

三是傳神的描寫刻劃，兼之與比喻、烘托共用，錯綜變化巧妙得宜，給人一種浩而不煩、美而不驚之感，使人感到就如在看一幅絕妙丹青，個中人物有血有肉，而不會使人產生一種虛無之感。

比如，在對洛神的體型、五官、姿態等描寫時，向人傳遞出洛神的沉魚之貌、落雁之容。同時，又有「清水出芙蓉，天然去雕飾。」的清新高潔。

再如，在對洛神與之會面時的神態的描寫刻劃，使人感到斯人浮現於眼前，風姿綽約。而對於洛神與其分手時的描寫「屏翳收風，川後靜波，馮夷鳴鼓，女媧清歌。」

愛情之真摯、純潔。一切都是這樣的美好，以致離別後，人去心留，情思不斷，洛神的倩影和相遇相知時的情景歷歷在目，浪漫而苦澀，心神為之不寧徘徊於洛水之間不忍離去。

對《洛神賦》的思想、文學成就，前人都曾予以極高的評價，最明顯的是常把它與屈原的《九歌》和宋玉的《神女》諸賦相提並論。

其實，曹植此賦兼二者而有之，它既有《湘君》、《湘夫人》那種濃厚的抒情成分，同時又具宋玉賦對女性美的精妙刻劃。

此外，它的情節完整，手法多變和形式雋永等，又為以前的作品所不及。因此它在歷史上有著非常廣泛和深遠的影響。

晉代大書法家王獻之和大畫家顧愷之，都曾將《洛神賦》的神采風貌形諸楮墨，為書苑和畫壇增添了不可多得的精品。

到了南宋和元明時期，一些劇作家又將其搬上了舞臺，

汪道昆的《陳思王悲生洛水》就是其中比較著名的一出。至於歷代作家以此為題材，見詠於詩詞歌賦者，則更是多得難以數計。可見曹植《洛神賦》的文學魅力，是經久不衰的。

【旁注】

建安文學：建安年間文學領袖都是曹家人物，即曹操、曹植和曹丕，故稱這時期的文學為建安文學。建安文學新局面的開創者是傑出的政治家、軍事家和詩人曹操。建安文學時期的作品慷慨激昂，豪爽磊落，清新自然，被後世稱為「建安風骨」。

曹丕：字子桓，沛國譙人，魏武帝曹操與卞夫人的長子。三國時期著名的政治家、文學家。曹魏的開國皇帝。去世後廟號高祖、世祖，諡為「文皇帝」，葬於首陽陵。由於文學方面的成就而與其父曹操、其弟曹植並稱為「三曹」。

曹叡：字元仲，三國時期曹魏的第二位皇帝，史稱魏明帝。曹操之孫。能詩文，與曹操、曹丕並稱魏之「三祖」。在位前期頗有建樹，後期，大興土木，臨終前託孤不當，導致後來朝政動盪。

謝靈運：名公義，字靈運，謝瑍幼子。浙江紹興人。東晉名將謝玄之孫。著名山水詩人，主要創作活動在劉宋時

代,中國文學史上山水詩派的開創者。主要成就在於山水詩。由靈運始,山水詩乃成中國文學史上的一大流派。

李白:字太白,號青蓮居士。生於劍南道之綿州,一說生於西域碎葉城。唐朝詩人。偉大的浪漫主義詩人,有「詩仙」之稱。存世詩文千餘篇,代表作有《蜀道難》、《將進酒》等詩篇,有《李太白集》傳世。

洛神:名宓妃。宓妃原是伏羲氏的女兒,因迷戀洛河兩岸的美麗景色,降臨人間,來到洛河岸邊。曹植在《洛神賦》中說她「翩若驚鴻,婉若游龍。」真是形象鮮明,色彩豔麗。

汪道:昆字伯玉,號南溟又號太函。歙縣西溪南松明山人。明代文學家。有《太函集》120卷,收散文106卷,詩歌1,520首,堪稱多產作家。戲曲創作方面有《高唐夢》、《五湖遊》、《遠山戲》、《洛水悲》、《唐明皇七夕長生殿》。

曹操(西元155年～220年):字孟德,一名吉利,小字阿瞞,沛國譙人。東漢末年著名政治家、軍事家、文學家、書法家。一生以漢朝大將軍、丞相的名義征討四方割據政權,為統一中國北方做出重大貢獻。其詩作具有創新精神,開啟並繁榮了建安文學。魯迅評價其為「改造文章的祖師」。

蘇軾(西元1037年～1101年):字子瞻,號東坡居士。眉州眉山人。北宋文學家、書畫家。天資極高,詩文書畫皆

精。與歐陽脩並稱歐蘇,為「唐宋八大家」之一;與黃庭堅並稱蘇黃;與辛棄疾並稱蘇辛;與黃庭堅、米芾、蔡襄並稱宋四家。著有《蘇東坡全集》和《東坡樂府》等。

王獻之(西元344年～386年):字子敬。王羲之第七子。生於會稽。書法家、詩人。書法眾體皆精,尤以行草著名,勇於創新,不為其父所囿,為魏晉以來的今楷、今草作出了卓越貢獻,在書法史上被譽為「小聖」,與其父並稱為「二王」。

顧愷之(西元348年～409年):字長康,小字虎頭。晉陵無錫人。顧愷之博學有才氣,工詩賦、書法,尤善繪畫。精於人像、佛像、禽獸、山水等。與曹不興、陸探微、張僧繇合稱「六朝四大家」。他為中國傳統繪畫的發展奠定了基礎。

■【閱讀連結】

曹丕和曹植本是親兄弟,曹植少年時就很聰明,能出口成章。曹丕當了皇帝以後,怕曹植威脅自己的地位,想迫害曹植。有一次讓曹植在七步之內做成一首詩,否則就把他處死。

曹植應聲而起,沒走到七步就做好一首詩:「煮豆持作

羹，漉菽以為汁。萁在釜下燃，豆在釜中泣。本自同根生，相煎何太急？」

曹植用豆與萁暗指曹丕與自己是親兄弟，應該是骨肉情深，真誠相知，但現在卻是骨肉相殘，表達了內心的悲憤。相傳曹丕聽了面有慚色。

蕭統裒英集萃編文選

蕭統（西元501年～531年），字德施，小字維摩。生於南北朝時南蘭陵，即今江蘇常州。南朝梁代文學家。曾被立為太子，但未及即位即英年早逝，諡號「昭明」，故後世又稱「昭明太子」。

主持編撰的《文選》又稱《昭明文選》。是中國最早的詩文選集，中國歷史上影響最深遠的詩文選集，具有很高的歷史價值和資料價值。

蕭統生來聰穎，2歲時被立為皇太子，3歲時受學《孝經》、《論語》，5歲時通讀《五經》，全都能理解和通讀。515年農曆正月初一，梁武帝在太極殿前早早地就給14歲的蕭統加戴太子冕。

太子儀容俊美，舉止優雅，讀書一目數行，過目不忘。每次遊玩聚宴餞行，都賦詩達十幾韻，有時還作連韻，都是略加思索揮筆便成，不做任何改動。

蕭統自從舉行加冠禮之後，梁武帝便讓他省覽朝政。蕭統明於各種事務，每當所奏事情有謬誤和巧詐，都能自立即

辨析出來。

他性格寬和容人，有一次去觀看審判犯人，他仔細研究案卷之後，說：「這人的過錯情有可原，我來判決可以嗎？」

刑官答應了，於是他就作了從輕的判決。事後，刑官向梁武帝蕭衍彙報了情況，蕭衍對他表示嘉許。

蕭統深通禮儀，性情純孝仁厚。16歲時，母親病重，他就從東宮搬到他母親的住處，朝夕侍疾，衣不解帶。母親去世後，他悲切欲絕，飲食俱廢。

他父親幾次下旨勸逼，才勉強進食，但仍只肯吃水果、蔬食。他本來身材健壯，等守喪出服後已變得羸瘦不堪，官民們看了，無不感動落淚。

蕭統喜歡才學之士，他身邊團結了一大批有學識的知識分子，經常在一起討論文章著述問題，商討古今事理，繼而便寫文章著述，已經習以為常。當時東宮藏書幾乎達到30,000卷之多，名人才子聚集在這裡，呈現一派文學盛況，晉、宋以來未曾有過。

蕭統覺得做皇帝雖然尊榮至極，但是一旦逝世，同樣一無所有，只有寫出好的文章才是千古之事。他喜遊山水，崇尚「何必絲與竹，山水有清音」。於是，決定離開建康，到京口南郊招隱山讀書撰文。

中古時期—華章妙手

招隱山群山環抱，樹木茂密，環境極為幽靜。山中修竹清泉、山花爛漫，鶯歌燕語，風景十分秀麗。蕭統在招隱寺後半山建造了兩幢樓房，一幢叫讀書檯，一幢叫增華閣，兩幢樓房之間有天橋相連。樓房修好後，蕭統將30,000冊圖書從建康運到京口招隱山。隨後，引納才學之士，在這裡一同研究文章。

南朝的統治階級上層，大多愛好文學，並以此作為門第和身分的一種象徵，因而獎勵提倡，頗多建樹。根據封建社會的一般情況，達官貴人主編的書籍多出於門下文人之手或至少有門下文人的參與。

蕭統以太子之尊，引納文士，當時負有重名的劉孝綽、王筠及《文心雕龍》的作者劉勰，都曾做過東宮的屬官或為蕭統所欣賞，這些文士中極可能有人參加過《文選》的編定。

蕭統在招隱山邀遊書海，辛勤工作，終於編成了30卷的《文選》稿本。這是中國現存最早的詩文選集。

《文選》共收錄上起子夏、屈原，下至當時的作家共130人的作品513篇。按文體分為賦、詩、騷、詔、對問、設論、墓誌、祭文等38類。

各類中以詩、賦兩類所收作品為最多，約占全書篇幅的一半，又按內容把賦分為京都、郊祀、耕籍等15門，把詩分為補亡、述德、勸勵等23門。

《文選》選錄的範圍，據蕭統在〈文選序〉中說明，凡屬經書、諸子、歷史傳記等一律不選，但是歷史傳記中的贊、論、序、述卻可以選錄。但《文選》所選的作品，其實並沒有過分忽視內容。

除了選錄當時不被人重視的陶淵明的8首詩以外，還選錄了《古詩十九首》和鮑照的作品18篇。同時，摒棄了那些故作高深的玄言詩和放蕩、空虛的豔體詩和詠物詩。這是這部書的優點。

《文選》的選文重點顯然不在思想內容，而在於講究辭藻華美、聲律和諧以及對偶、用事切當這樣的藝術形式。但它為文學劃定了範疇，是文學發展到一定階段的結果，對文學的獨立發展有促進作用。

至於入選的作品是否值得選錄，應該選錄的又是否有所遺漏，後代的學者曾經有過許多不同的意見，見仁見智，眾說不一。

整體而言，這部詩文總集僅僅用30卷的篇幅，就大體上包羅了先秦至梁代初葉的重要作品，反映了各種文體發展的輪廓，為後人研究這七八百年的文學史儲存了重要的資料。

在中國浩如煙海的古籍之中，除了幾部儒家經典以外，以一部書為學者們所研究而能成為一門學問的，只有兩種：一種是「紅學」，它的研究對象是《紅樓夢》；一種是「選學」，

它的研究對象就是《文選》。

由於《文選》本身的優點，它比起同類型其他詩文總集的影響更深遠。唐代以詩賦取士，唐代文學和六朝文學又有密切的繼承關係，因而《文選》就成為士人學習詩賦的範本。宋初亦以詩賦取士，《文選》仍然是士人的必讀書，甚至有「《文選》爛，秀才半」的諺語。

此外，隋、唐以來，文人學者從各種角度對《文選》作了研究。據不完全統計，今天還可以見到的專著即有 90 種左右，其他散見的有關考據、訓詁、評論更難數計。研究《文選》成為一種專門的學問，以致從唐初開始就有了「選學」這一名稱。時至今日，這門學問依然長盛不衰。

■【旁注】

加冠禮：古代男子 20 歲行加冠禮，表示成年。後因以「加冠」指滿 20 歲。冠禮在宗廟中進行，由父親主持，並由指定的貴賓為行冠禮的青年加冠，代表擁有治人、為國效力、參加祭祀的權力。

建康：南京的古稱。三國吳、東晉，以及南朝宋、齊、梁、陳先後在此建都，六朝時期中國的政治、經濟、文化中心。六朝時期的建康城是世界上第一個人口超過百萬的城

市,在人類歷史上產生了極其深遠的影響。

招隱山:位於江蘇省鎮江南郊的招隱山,原叫獸窟山,因南朝名士戴顒隱居於此,故又稱其為招隱山,招隱山中有昭明太子讀書處。是古城鎮江隱士文化的一個縮影,展現了古城鎮江特有的隱士文化風采。

招隱寺:位於江蘇省鎮江市南郊招隱山腰,最初由南北朝著名藝術家戴頤的私宅改建而成,原在山上,五代時移至現址。歷代文士名流留下了珍貴的古蹟和名篇,其中有梁代昭明太子博邀在此編纂了中國第一部文學選集《昭明文選》。

劉孝綽:字孝綽,本名冉,小字阿士,彭城,今江蘇徐州人。能文善草隸,號「神童」。14歲,代父起草詔誥。初為著作佐郎,後官祕書丞。它遷廷尉卿,被到洽所劾,免職。後復為祕書監。明人輯有《劉祕書集》。

王筠:字元禮,一字德柔。祖籍琅琊臨沂,今山東人。南朝梁文學家。王筠的文學創作活動與蕭梁立國相始終,具有重要的文學史地位。他在唱和詩創作中確立了同韻自和方式;在閨情題材方面,具有風格柔婉細膩、長於經營末句的特點。

紅學:主要包括曹學、版本學、探佚學、脂學,即對《紅樓夢》的作者、版本、脂硯齋評以及「佚稿」的研究。自《紅樓夢》誕生的那一天起,紅學的研究就開始了。紅學產生了

許多流派,有評點派、題詠派、索隱派、考證派、解夢派、辯偽派等。

梁武帝(西元464年~549年):名蕭衍,字叔達,小字練兒。南蘭陵,今江蘇省常州人。南梁政權的建立者。在位達48年,頗有政績,在位晚年爆發「侯景之亂」,都城陷落,被侯景囚禁而死。諡「武帝」,廟號高祖,葬於修陵。

陶淵明:字元亮,一說名潛,字淵明,號五柳先生。東晉潯陽柴桑人。曾東晉末期南朝宋初期詩人、文學家、辭賦家、散文家。田園生活是其詩主要題材,相關作品有《飲酒》、《歸園田居》、《桃花源記》、《五柳先生傳》、《歸去來兮辭》等。

鮑照(約西元415年~466年):祖籍東海,久居建康。南朝宋文學家,與顏延之、謝靈運合稱「元嘉三大家」。長於樂府詩,其七言詩對唐代詩歌的發展起了很重要的作用。有《鮑參軍集》。

【閱讀連結】

蕭統在顧山編纂《文選》時,有一天,他下山來到當時的集市古塘視察民情,偶見一秀麗的尼姑,法號叫慧如,無意中談及釋家精義,蕭統見慧如才思敏慧,頓生愛慕之情,又

到草菴就釋家經義深淡而不捨,此後多次去草菴談情說愛,但由於兩人身分不同,終難成眷屬,尼姑相思成疾而終。

　　蕭統聞訊,痛哭不已,含淚種下紅豆樹,並將草菴題名紅豆庵,滿懷相思悲苦離去。顧山紅豆樹歷經千年,一直長到現在,已經如虯龍老樹了。

中古時期—華章妙手

韓愈文起八代之衰

　　韓愈（西元768年～824年），字退之，世稱韓昌黎。生於唐河內河陽，即今河南省焦作孟州市。唐代詩人，文學家、散文家、哲學家、思想家和政治家。唐宋古文運動領袖。

　　著有《昌黎先生集》等。與柳宗元並稱「韓柳」。明人推他為「唐宋八大家」之首。他以文章引領時代，有「文起八代之衰」、「文章鉅公」和「百代文宗」之名。

　　韓愈3歲喪父，受兄韓會撫育。7歲讀書，13歲能文，學習古訓，並關心政治，確定了一生努力的方向。20歲赴長安應進士試，25後登進士第。然後三試博學鴻詞不入選，便先後赴汴州董晉、徐州張建封兩節度使幕府任職，後至京師，官四門博士。在官場上，他因先後與宦官、權要相對抗，仕宦一直不得志。

　　韓愈一生排斥佛教，819年，他上《論佛骨表》反對唐憲宗迎佛骨入宮內供奉，他認為這樣只能危害社會，不能求得長生。這下觸犯了憲宗，被貶為潮州刺史。韓愈勇敢的行

為，使他成為一位歷史上的偉人，在中國哲學史上留下光輝的一頁。

韓愈最為顯著的是他在文學上的成就，他是「唐宋八大家」之首，被蘇軾譽為「文起八代之衰，道濟天下之溺」，他在文學史上是一座高峰。

韓愈提倡「文以載道」，即文章要有豐富的現實內容，他同情勞動人民，暴露統治階級的罪惡，歌頌英雄人物，探討為文之道，為受壓抑的寒士鳴不平等。

他推動了古文運動的蓬勃發展，打破了魏晉以來作文在體裁、結構、技巧方面的模式，適應了經濟、政治、文化發展的需要。

論說文在韓愈散文中占有重要地位。韓愈的論說文大體有三種類型：

一是以明儒道、反佛教為主要內容的長篇和中篇。如從現實的政治、經濟觀點著眼的《原道》、《論佛骨表》，從哲學觀點立論的《原性》，從傳道授業角度說理的《師說》等。這類文章，大都格局嚴整、層次清晰。

二是一些嘲諷社會現狀的雜文。短篇如《雜說》、《獲麟解》，比喻巧妙，寄概深遠；長篇如《送窮文》、《進學解》，用東方朔《答客難》、揚雄《解嘲》的問答形式和幽默筆觸，

表現自己的坎坷遭遇，嘲諷社會上的庸俗習氣，構思奇特，鋒芒畢露。

三是論述文學思想和寫作經驗的，體裁多樣，如書信體《答李翊書》、《與馮宿論文書》，贈序體《送孟東野序》、《送高閑上人序》等。《送孟東野序》是韓愈為好友孟郊送行而寫的文章。在文中，韓愈表達了對朋友的不幸遭遇的同情，而且以自然界和人世間的大量事例，說明了「不平則鳴」的道理。作者還勸孟郊要珍惜自己的才華，字裡行間展現了對統治者不善於用人的委婉批評。

敘事文在韓愈散文中也占有很大比重。韓愈的敘事文大體有四種類型：

一是學習儒家經書，歌頌唐王朝平定藩鎮叛亂的業績。如《平淮西碑》，運用了《尚書》和《雅》、《頌》的文學體裁。

二是繼承《史記》歷史散文傳統。如《張中丞傳後敘》，在刻劃英雄人物形象方面，巧妙地運用了敘事、議論、抒情相融合的手法，為公認的名篇。

三是學習《史記》、《漢書》而不用議論。如《試大理評事王君墓誌銘》、《清河張君墓誌銘》等，宣揚了儒家的部分思想。

四是為友情深厚的文學家而作。如《柳子厚墓誌銘》、《貞

矐先生墓誌銘》、《南陽樊紹述墓誌銘》等,突出了主角的不同特色。

韓愈的抒情文很有特色,展現在以下三個方面:

一是突破常規的祭文。如《祭十二郎文》,是韓愈抒情文中的祭文,表現骨肉深情,用散文形式寫,突破了四言押韻常規。

二是四言韻語成文。如《祭河南張員外文》、《祭柳子厚文》,表現朋友交誼、患難生活,是用四言韻語寫的,同樣是具有一定感染力的佳作。

三是有小說意味的散文。如《毛穎傳》、《石鼎聯句詩序》之類,完全出於虛構,具有小說意味,但和當時一般傳奇小說仍有區別。《毛穎傳》多少帶有作者的身世感慨,《石鼎聯句詩序》被有些人認為是譏諷當時宰相之辭。這類作品,時人「大笑以為怪」,而柳宗元獨以為奇,他也寫了幾篇類似的文章。

韓愈的詩有獨特成就,向來被稱為大家。韓詩力求新奇,重氣勢,有獨創之功。其藝術特色有三個點:

一是以文為詩,把新的古文語言、章法、技巧引入詩壇,增強了詩的表達功能,擴大了詩的領域,糾正了以往的樸實詩風。

二是表現為奇特雄偉、光怪陸離。如《陸渾山火和皇甫用其韻》、《月食詩效玉川子作》一類詩，不僅奇奇怪怪，而且具有深刻的時代寫實內容。這種雄奇境界也存在於不少寫景詩如《南山詩》、《岳陽樓別竇司直》，抒情詩如《孟東野失子》等作品中。另外，一些寫景詠物詩如《山石》、《杏花》，一些抒情詩如《題驛梁》等，也都具有不事雕繪、本色天然的特色。

三是有一些反映社會現實、關心政治得失、同情人民疾苦的作品。長篇如《赴江陵途中寄贈……韓林三學士》，繼承杜甫《自京赴奉先縣詠懷五百字》、《北征》的傳統；短篇如《汴州亂》，接近白居易、張籍的風格。

總之，韓愈散文在風格展現了氣勢磅礴，汪洋恣肆，自由奔放，感情充沛的特點。韓文的風格來自他的人格和他的文學主張，人格的浩然正氣使其文章理直氣壯；不平則鳴的文學主張使其文章情感強烈。

在藝術手法上展現在說理、敘事、言情上，三者在不同文體中雖有偏用，卻也常有交融。在語言上精練生動，準確鮮明，流暢而多變，富於創造性和表現力。他的文章語彙豐富，既善於吸取古代的詞語，又善於運用當代的語言，熔鑄成古樸而新奇的語言。

韓愈作為唐代古文運動的領導者，他的文章從不同方面

較為深刻地反映了中唐時期社會的重大生活,有強烈的戰鬥性,應該說是現實主義的優秀作品,在古文運動的實踐上獲得了巨大成功,並對後世的文學創作產生了深遠影響。

【旁注】

唐宋古文運動:是指唐代中葉及北宋時期以提倡古文、反對駢文為特點的文體改革運動。代表性人物為唐代的韓愈、柳宗元外,宋代的歐陽脩、王安石、曾鞏、蘇洵、蘇軾和蘇轍。開創了散文寫作的新局面,撥正了古代散文的發展方向。

唐宋八大家:即唐代的韓愈、柳宗元和宋代的蘇軾、蘇洵、蘇轍、歐陽脩、王安石、曾鞏。他們的成就主要在散文方面,所以也稱「唐宋散文八大家」,其文章不但震撼唐宋文壇,而且是後世散文的楷模,彪炳於文學之林。

佛骨:又稱佛舍利,或單稱舍利,或以佛身部位而稱佛頂骨、指骨、佛牙。是指佛教祖師釋迦牟尼佛圓寂火化後留下的遺骨和珠狀寶石樣生成物。此等佛骨,在後世極受尊崇。

東方朔:本姓張,字曼倩,西漢著名詞賦家,在政治方面仕途也頗具天賦,他曾言政治得失,陳農戰強國之計,但不得重用。著有《答客難》、《非有先生論》等,一生著述甚

豐，後人匯為《東方太中集》。

揚雄字：子雲。西漢蜀郡成都人。西漢官吏、學者。遊京師時以文見召，奏《甘泉》、《河東》等賦。揚雄是即司馬相如之後西漢最著名的辭賦家。著有《太玄》、《法言》、《方言》、《訓纂篇》等。

孟郊：字東野。湖州武康人。唐代著名詩人。現存詩歌500多首，以短篇的五言古詩最多，代表作有《遊子吟》。有「詩囚」之稱，又與賈島齊名，人稱「郊寒島瘦」。張籍私諡為「貞曜先生」。

白居易：字樂天，晚號香山居士、醉吟先生。祖籍山西太原，胡族後裔，生於河南新鄭。中唐最具代表性的詩人之一。作品平易近人，乃至於「老嫗能解」。有《白氏長慶集》、《長恨歌》、《琵琶行》、《賣炭翁》存世。

張籍：字文昌，世稱「張水部」、「張司業」。和州烏江人。唐代詩人。其樂府詩與王建齊名，並稱「張王樂府」。著名詩篇有《塞下曲》、《征婦怨》、《採蓮曲》、《江南曲》等。

柳宗元（西元773年～819年）：字子厚，人稱柳河東，又稱柳柳州。唐代河東郡人。唐代詩人、哲學家、儒學家、政治家，「唐宋八大家」之一。著有《永州八記》等文章。柳宗元與韓愈並稱「韓柳」。在中國文化史上，其詩、文成就均極為傑出。

唐憲宗（西元778年～820年）：名李純，初名淳，立為太子後改名純。唐朝皇帝，即唐憲宗。諡號「昭文章武大聖至神孝皇帝」。在位15年間，勤勉政事，力圖中興，從而取得了元和削藩的巨大成果，並重振中央政府的威望，史稱「元和中興」。

杜甫（西元712年～770年）：字子美，自號少陵野老，世稱「杜工部」、「杜老」、「杜少陵」等。鞏縣人。唐代現實主義詩人。他憂國憂民，人格高尚。被保留的詩約有1,400餘首，詩藝精湛。有《杜工部集》存世。被世人尊為「詩聖」，其詩被稱為「詩史」。

【閱讀連結】

古時候，韓江裡的放排工做工時常常光著膀子，不穿衣服。每天在江邊挑水、洗衣服的婦女，看見放排工赤身裸體，感到很不好意思，就告到官府，官府命放排工必須穿著衣服做工。

韓愈來到潮州得知這件事後，擔心放排工成天穿著一身溼衣服會得病。於是，他便叫人到江邊通知放排工：今後扎排、放排時，可以不穿衣服，只在腰間扎塊布能遮羞就好了。

這塊布後來就成了潮州的放排工和農民勞動時帶在身上的浴布，潮州人把它叫做「水布」。

中古時期—華章妙手

近古時期 —— 文苑大師

　　從五代十國至元代是中國歷史上的近古時期。這一時期的宋元文苑可謂奇葩紛呈。宋代歐陽脩等人繼續唐代韓愈等人的道路，完成了古文運動改革，使宋代百戲雜陳，盛況空前。

　　宋代說唱文學如話本的興盛，對元代以敘事為主的雜劇具有重大意義。元代出現的關漢卿、湯顯祖等一大批劇作家，他們以戲曲和散曲為代表，共同創造了元代文學的輝煌。

　　元末明初長篇白話小說《水滸傳》的出現，則預示著一個長篇小說時代即將到來。

近古時期—文苑大師

歐陽脩以文章繼往開來

歐陽脩（西元 1007 年～1072 年），字永叔，號醉翁，晚年又號「六一居士」；因諡號「文忠」，世稱歐陽文忠公。生於北宋吉州永豐，即今江西吉安永豐。北宋政治家、文學家和史學家。北宋古文運動的代表。「唐宋八大家」之一。

後人將其與韓愈、柳宗元和蘇軾合稱「千古文章四大家」。代表作品有《醉翁亭記》和《秋聲賦》等。

歐陽脩 4 歲的時候，父親病死，母親帶著他到叔父那裡生活。歐陽脩的母親一心想讓兒子讀書，可是家裡窮，買不起紙筆。她看到屋前的池塘邊長著草，就用草稈在泥地上寫字，教歐陽脩認字。

幼小的歐陽脩在母親的教育下，很早就愛上了讀書。他 10 歲時，經常到附近藏書多的人家去借書讀，有時候還把借來的書抄錄下來。

歐陽脩長大以後到東京參加進士考試，連考三場，連中第一。他在年紀輕輕的 20 多歲時，文學上的聲譽就已經很大了。他為官後支持范仲淹改革，曾因此被宋仁宗貶謫到滁

州,即今安徽滁縣。但宋仁宗鑒於他的文才,後來又把他調回京城。

作為北宋文壇的領袖、宋代散文的奠基人,歐陽脩的文學成就是多方面的。

歐陽脩在文學創作上的成就,以散文為最高。他一生寫了500餘篇散文,各體兼備,有政論文、史論文、記事文、抒情文和筆記文等。他的散文大都內容充實,氣勢旺盛,深入淺出,精煉流暢,敘事說理,娓娓動聽,抒情寫景,引人入勝,寓奇於平,一新文壇面目。

歐陽脩的許多政論作品,如《本論》、《原弊》、《與高司諫書》、《朋黨論》和《新五代史·伶官傳序》等,恪守自己「明道」、「致用」的主張,緊密連結當時政治鬥爭,指摘時弊,思想尖銳,語言明快,展現了一種匡時救世的懷抱。

歐陽脩寫了不少抒情、敘事散文,大都情景交融,搖曳多姿。他的《釋祕演詩集序》、《祭石曼卿文》和《蘇氏文集序》等文,悼念亡友,追懷往事,情深意摯,極為動人;他的《豐樂亭記》、《醉翁亭記》諸作,徐徐寫來,委婉曲折,言辭優美,風格清新。

不論是諷世刺政,還是悼亡憶舊,乃至登臨遊覽之作,無不充分展現出歐陽脩那種從容寬厚、真率自然的藝術性格。

歐陽脩還開了宋代筆記文創作的先聲。他的筆記文，有《歸田錄》、《筆說》和《試筆》等，文章不拘一格，寫得生動活潑，富有情趣，並常能描摹細節，刻劃人物。其中，《歸田錄》記述了朝廷遺事、職官制度、社會風習和士大夫的趣事軼聞，介紹自己的寫作經驗，都很有價值。

歐陽脩在詩歌創作方面也卓有成就。他的詩在藝術上主要受韓愈影響。《菱溪大石》、《石篆》和《紫石屏歌》等作品，模仿韓愈想像奇特的詩風。

其他一部分詩作沉鬱頓挫，筆墨淋漓，將敘事、議論、抒情結為一體，風格接近杜甫，如《重讀〈徂徠集〉》、《送杜岐公致仕》。另一部分作品雄奇變幻，氣勢豪放，卻近於李白，如《廬山高贈同年劉中允歸南康》。

歐陽脩的多數作品，主要學習韓愈「以文為詩」，即議論化、散文化的特點。雖然他以自然流暢的詩歌語言，避免了韓愈的險怪艱澀之弊，但仍有一些詩說理過多，缺乏生動的形象。有的古體詩因此顯得詩味不濃，但部分近體詩卻比興兼用，情景相生，意味雋永。

在內容上，歐陽脩的詩有一部分反映人民的疾苦，揭露社會的黑暗，具有一定的社會意義。例如，在《答楊子靜祈雨長句》中，描寫了「軍國賦斂急星火」，「然而民室常虛空」的社會現實；在《食糟民》中，揭露了官吏「日飲官酒誠可

樂」，而百姓「釜無糜粥度冬春」的不合理現象。

歐陽脩寫詩的目的，是為了規勸統治階級修明政治，維護封建秩序。他還在詩中議論時事，抨擊腐敗政治，如《奉答子華學士安撫江南見寄之作》。其他如《明妃曲和王介甫作》、《再和明妃曲》，表現了詩人對婦女命運的同情，對昏庸誤國的統治者的譴責。

歐陽脩寫的更多的是借景抒情作品，或清新秀麗，或平淡有味，多抒發詩人的生活感受。如《黃溪夜泊》中的「萬樹蒼煙三峽暗，滿川明月一猿哀」，《春日西湖寄謝法曹歌》中的「雪消門外千山綠，花發江邊二月晴」，《畫眉鳥》「百囀千聲隨意移，山花紅紫樹高低；始知鎖向金籠聽，不及林間自在啼」等。

歐陽脩寫的詩歌風格是多樣的。他提出詩「窮者而後工」的論點，發展了杜甫、白居易的詩歌理論，為宋詩的發展指明方向，對當時和後世的詩歌創作產生了很大的影響。

歐陽脩在宋初的詞壇上同樣占有一席重要的位置。他創作了很多詞，內容大都與「花間」相近，主要內容仍是戀情相思、離情別緒、酣飲醉歌、惜春賞花之類，並善於以清新疏淡的筆觸寫景。《採桑子》十三首，描繪穎州西湖的自然之美，寫得恬靜、澄澈，富有情韻，宛如一幅幅淡雅的山水畫。

由於作者對事物體察入微，看似隨意寫出，卻是無限傳神，沒有爐火純青的工夫，是不能達到這種藝術境界的。他偏重抒情的詞，寫得婉曲纏綿，情深語近。

例如《踏莎行》中上下闋的最後兩句「離愁漸遠漸無窮，迢迢不斷如春水」，「平蕪盡處是春山，行人更在春山外」，透過春水春山，從思婦眼中寫征人，情意深遠，含蓄蘊藉，給予人新穎別緻的感覺，感情亦非常深摯。

他還有一些詞，雖然頹唐嘆老、牢騷不平，卻直抒胸臆，表現出襟懷豪逸和樂觀的一面。

此外，歐陽脩打破了賦體的嚴格的格律形式，寫了一些文賦，他的著名的《秋聲賦》運用各種比喻，把無形的秋聲描摹得非常生動形象，使人彷彿可聞。

這篇賦變唐代賦體以來的律體、散體形式，對於賦的發展具有開拓意義，與蘇軾的《赤壁賦》先後媲美，千載傳誦。

歐陽脩是傑出的應用文大家，他不僅應用文寫作頗有建樹，而且對應用文理論貢獻也很大。歐陽脩是從文體形式、實用性質兩方面來明確應用文概念的，他已把應用文當做獨立的文章體裁，並構築了應用文理論的大體框架。

歐陽脩認為，應用文的特點一是為了應用，二是為了傳於後世，三是簡潔質樸，四是得體。此外，他對公文的貢獻

也很大。據後人統計，他寫有公文1,000篇，公文理論也很系統。當時他雖未明確上行文、平行文、下行文的概念，但為行文方向分類打下了基礎。

歐陽脩還薦拔和指導了王安石、曾鞏、蘇洵、蘇軾、蘇轍等散文家，對他們的散文創作發生過很大的影響。比如蘇軾就最出色地繼承和發展了歐陽脩所開創的一代文風。

歐陽脩在中國文學史上有重要的地位。他繼承了韓愈古文運動的精神，大力倡導詩文革新運動，改革了唐末到宋初的形式主義文風和詩風，取得了顯著成績。由於他在政治上的地位和散文創作上的巨大成就，使他在宋代的地位有似於唐代的韓愈。正如蘇軾在《居士集敘》中說「天下翕然師尊之」。

作為宋代詩文革新運動的領袖人物，北宋以及南宋後很多文人都很稱讚他的散文的平易風格。他的文論和創作，對當時以及後代都有很大影響。

【旁注】

筆記文：是一種隨筆記錄的文體，筆記文包括史料筆記、考據筆記和筆記小說。宋代的筆記文以史料筆記一類最為發達。內容較為切實，不乏第一手材料。往往記事與考辯間

近古時期—文苑大師

雜,如北宋沈括的《夢溪筆談》即二者並著。

古體詩:古體詩一般又叫古風,這是依照古詩的作法寫的,形式比較自由,不受格律的束縛。從詩句的字數看,有所謂四言詩、五言詩和七言詩。五言古體詩簡稱五古;七言古體詩簡稱七古;三五七言兼用者,一般也算七古。

近體詩:又稱今體詩或格律詩,是講究平仄、對仗和押韻的詩體。為有別於古體詩而有近體之名。近體詩是唐代以後的主要詩體,代表詩人有:李白、杜甫、李商隱、陸游等。在中國詩歌史上有著重要地位。

「花間」:此指花間派,是晚唐五代詞派指以。溫庭筠、韋莊是其代表作家。內容不外歌詠旅愁閨怨、合歡離恨,多局限於男女燕婉之私,格調不高,在思想上無甚可取。但其文字富豔精工,藝術成就較高,對後世詞作影響較大。

賦體:辭賦學名詞。是指辭賦的體制或體裁,對於辭賦的創作有其相應的創作規範。屈原的作品《離騷》開啟辭賦史的源流,經發展和演化,已形成了騷體賦、漢大賦、駢體賦、駢文律賦、白話賦等不同的發展時期,辭賦隨著體裁的變化而形成了多種風格和多種流派。

蘇洵:字明允,眉州眉山,今屬四川眉山人。北宋文學家,與其子蘇軾、蘇轍合稱「三蘇」,均被列入「唐宋八大

家」。蘇洵長於散文，尤擅政論，議論明暢，筆勢雄健，有《嘉祐集》傳世。

蘇轍：字子由，眉州眉山，今屬四川人。宋代文學家，政治家。諡「文定」。「唐宋八大家」和「三蘇」之一。代表作品有《欒城集》、《詩集傳》、《龍川略志》、《論語拾遺》等。

范仲淹（西元989年～1052年）：字希文，世稱「范文正公」。北宋著名的政治家、思想家、軍事家和文學家。他為政清廉，體恤民情，剛直不阿，力主改革，屢遭奸佞誣謗，數度被貶。諡文正，封楚國公、魏國公。有《范文正公全集》傳世。

宋仁宗（西元1010年～1063年）：初名受益，立皇太子時被宋真宗賜名趙禎。北宋第四代皇帝。在位41年。諡號「體天法道極功全德神文聖武睿哲明孝皇帝」。在位時內憂外困，雖一度推行「慶曆新政」，但未克全功。其陵墓為永昭陵。

王安石（西元1021年～1086年）：字介甫，號半山，諡文，封荊國公，世人又稱王荊公。北宋撫州臨川，今臨川區鄧家巷人。北宋丞相、新黨領袖。中國歷史上傑出的政治家、思想家、學者、詩人、文學家、改革家。「唐宋八大家」之一。有《王臨川集》等。

近古時期—文苑大師

【閱讀連結】

歐陽脩積極提倡改革文風。京城考試時,他認為這正是選拔人才、改革文風的好機會。在閱卷時,發現華而不實的文章一概不錄取,但對那些有真才實學的人則大加讚賞。

一次,他發現有位考生名字竟與自己名字相同,就在批語後附加一句:「司馬相如藺相如名相如,實不相如」。

這位考生接卷後立即對答:「長孫無忌魏無忌人無忌我亦無忌」。

歐陽脩看後拍手稱絕,補錄了這位考生。歐陽脩促進了選拔人才的實用性,文人也都學著寫內容真實的文章了。

關漢卿被稱為東方莎翁

關漢卿(約西元1220年~1300年),號已齋、一齋、已齋叟。生於元代解州,即今山西省運城人。元代雜劇作家。「元曲四大家」之首。

代表作有《竇娥冤》和《救風塵》等。中國戲曲的奠基人。外國人稱他為「東方的莎士比亞」!

關漢卿生活在金宋相繼滅亡,元朝正在統一中國的時期。那個年代,政治黑暗腐敗,社會動盪不安,階級矛盾和民族矛盾十分突出,人民群眾生活在水深火熱當中。關漢卿看到這種現實,決定不走仕途這條路,而把自己畢生的精力和才華傾注於戲劇藝術。

作為受壓迫知識分子階層的一員,關漢卿長期生活在平民百姓中間,交結多是社會地位低賤的人,這使他對黑暗的現實有深刻的認識。

從他寫的一些散曲如《南呂・一枝花・不服老》等中可以看到,他不受傳統的禮教和儒家思想的束縛,在到處存在邪惡勢力的社會中,在世態炎涼的惡劣環境中,他具有一種傲

岸不屈的精神和對生活執著的性格。他在《不服老》中，把自己比喻為一顆「銅豌豆」，就是表明了他不受世俗約束的個性及其頑強的特徵。

在關漢卿反抗封建邪惡勢力的戲劇作品中，《竇娥冤》最具代表性。主角竇娥是個命運悲慘的下層社會的弱女子。

她從小死了母親，被賣給蔡婆婆作童養媳，蔡婆婆是個放高利貸的，和獨生兒子一起生活。竇娥嫁過來不久，丈夫就生病去世，這一家庭裡便剩下了一老一小兩個寡婦。

村中的無賴張驢兒強迫竇娥嫁給他，竇娥不願意，張驢兒想用毒藥毒死蔡婆婆來陷害竇娥，哪知道反而毒死了自己的父親。他就反咬一口，惡人先告狀，說竇娥下毒藥毒死了老公公。

官司打到縣裡，糊塗的縣官認定竇娥是凶手，要她承認是她毒死公公即張驢兒的父親，竇娥堅決不承認，縣官嚴刑拷打，竇娥還是不服。

縣官要拷打蔡婆婆，竇娥為了免除婆婆的痛苦，寧願自己受罪，便承認是自己毒死了張驢兒的父親。一場冤案鑄成，竇娥被判死罪。竇娥赴刑場時，下起了六月雪，把全劇推向高潮。

關漢卿的劇作多揭露封建社會黑暗，表現人民的反抗精

神和聰明才智。劇情緊湊集中，人物形象鮮明，語言質樸自然，富有表現力。

他所創作的戲劇都深刻地再現了社會現實，充滿著濃郁的時代氣息，既有皇親國戚、豪強權勢的凶狠殘暴，又有平民百姓、尋常人家的悲劇遭遇；既有對官場黑暗無情的揭露，又熱情謳歌了人民的反抗。

在關漢卿的筆下，寫得最栩栩如生的是些普通婦女的形象，竇娥、趙盼兒、杜蕊娘、燕燕等，她們大都出身微賤，蒙受封建統治階級的種種凌辱和迫害。

關漢卿描寫她們的悲慘遭遇，刻劃了她們正直、善良、聰明、機智的性格，同時又讚美了她們強烈的反抗意志，歌頌了她們勇於向黑暗勢力展開搏鬥、至死不屈的英雄行為，在那個特定的年代奏響了鼓舞人民抗爭的主旋律。

關漢卿又是一位散曲作家，在元代散曲史上占有重要的地位。他的散曲主要包括三方面內容：

一是描繪都市繁華與藝人生活，比較真實地反映了宋元時期杭州的景象。

二是抒發羈旅行役與離愁別緒，寫得十分動人。感情豐富而深沉，沒有矯揉造作的虛假成分，一掃委靡纖弱的曲風，這部分作品，和封建文人寫愛情的作品大異其趣，比較

近古時期—文苑大師

真實地反映了當時平民的愛情理想。所謂「以健筆寫柔情」，是這部分作品的特色。

三是自抒抱負的述志遣興，常常描寫主角的生活境遇，抒發其偉大抱負。

這些堂堂正正的思想與抱負，是用極俏皮詼諧、佯狂玩世的文字來表現的，真是神韻獨具，妙趣橫生，活脫脫顯現了一個多才多藝的戲劇家的韌性戰鬥精神。

關漢卿戲劇是中國古典戲曲藝術的一個高峰。關漢卿嫻熟地運用元代雜劇的形式，在塑造人物形象、處理戲劇衝突、運用戲曲語言諸方面均有傑出的成就。

關漢卿的劇作把塑造正面主角放在首要的地位。在中國文學史上，還沒有一個戲曲家像關漢卿那樣塑造出如此眾多而又鮮明的藝術形象。

比如，同是妓女，趙盼兒、宋引章、杜蕊娘、謝天香等各具不同的個性；同在魯齋郎的壓迫下，都有著妻子被掠占的不幸遭遇，但中級官吏張珪和工匠李四對事件的態度就截然不同。

在《竇娥冤》、《望江亭》、《拜月亭》、《西蜀夢》、《詐妮子》等劇裡，出色的心理描寫開啟了作品人物內心世界的窗扉，成為塑造主要人物形象不可缺少的藝術手段。

> 關漢卿被稱為東方莎翁

在處理戲劇衝突方面，關漢卿善於提煉激動人心的戲劇情節。這裡有善良無辜的寡婦被屈斬而天地變色的奇蹟如《竇娥冤》；有單槍匹馬懾服敵人的英雄業績如《單刀會》和《單鞭奪槊》；有忍痛送妻子去讓權豪霸占的丈夫如《魯齋郎》；有讓親生兒子償命而儲存前妻兒子的母親如《蝴蝶夢》；有被所愛的人拋棄而被迫為他去說親的婢女如《詐妮子》。這些情節，看來既富有傳奇色彩，又都是扎根在深厚的現實土壤裡的。

在運用戲曲語言方面，關漢卿是一位傑出的語言藝術大師，他汲取大量民間生動的語言，熔鑄精美的古典詩詞，創造出一種生動流暢、本色當行的語言風格。

關劇的本色語言風格首先表現在人物語言的性格化上。如竇娥的樸素無華，趙盼兒的俐落老辣，宋引章的天真純樸，謝天香的溫柔軟弱，杜蕊孃的潑辣幹練，皆唯肖唯妙，宛如口出。

關劇本色的語言風格還表現在作者不務新巧，不事雕琢藻繪，創造了一種富有特色的通俗、流暢、生動的語言風格。《竇娥冤》中就有很多說白的段子。戲曲語言既本色又當行，具有「入耳消融」的特點。詞曲唸白的安排上也恰到好處，自然妥貼，不愧是當時戲曲家中一位「總編修師」的人物。

近古時期─文苑大師

　　關漢卿是中國文學史和戲劇史上一位偉大的作家,他一生創作了許多雜劇和散曲,成就卓越。他的劇作為元雜劇的繁榮與發展打下了堅實的基礎,是元代雜劇的奠基人。同時,關漢卿作為世界名人,中國和世界各地開展了紀念關漢卿的活動。國內外很多劇院及職業劇團,都在上演關漢卿的劇本。他的劇作被譯為英文、法文、德文、日文等在世界各地廣泛傳播。

　　關漢卿在中國戲劇史和世界文化史上的地位,已被大家所公認。他的創作遺產已成為民族藝術的菁英,人類文化的瑰寶,全世界人民的共同財富。

【旁注】

　　雜劇:最早見於唐代,意思和漢代的「百戲」差不多,泛指歌舞以外諸如雜技等各色節目。到了宋代,「雜劇」逐漸成為一種新表演形式的專稱。雜劇有三個構成部分:賓白、唱詞、科介。三者交相配合,推動劇情的發展,刻劃人物的性格。

　　元曲四大家:指關漢卿、白樸、馬致遠、鄭光祖四位元代雜劇作家。四者代表了元代不同時期不同流派雜劇創作的成就,因此被稱為「元曲四大家」。但歷史上還有部分人認為

關漢卿被稱為東方莎翁

元曲四大家是關漢卿、王實甫、馬致遠和白樸。

皇親國戚：皇帝的父親稱太上皇；皇帝的母親稱皇太后；皇后是皇帝的正妻；皇太子是皇位的繼承人，又稱「東宮」。自漢代起，皇帝的女兒叫公主；皇帝的姐姐叫長公主；公主的丈夫為「駙馬」；皇帝的母舅或妻舅稱為國舅；皇帝把子孫、叔伯等封為「藩王」。這些都是皇親國戚。也比喻極有權勢的人。

散曲：是一種同音樂結合的長短句歌詞。元人稱為「樂府」或「今樂府」。經過長期醞釀，到宋金時期又吸收了一些民間流行的曲詞，尤其是少數民族的樂曲的侵入並與中原正樂融合，導致傳統的詞和詞曲不能在適應新的音樂形式，於是逐步形成了一種新的詩歌形式散曲。

■【閱讀連結】

關漢卿的作品多是揭露封建官場腐敗、社會黑暗，元朝統治者卻認為他蠱惑民眾，就下令通緝他。一天夜裡，關漢卿逃走時，遇上了巡夜的捕快，但捕快因喜歡他的劇，所以很猶豫。

關漢卿看出了捕頭的心理活動，便說：「臺上莫逞強，縱使厚祿高官，得意無非俄頃事；眼下何足算，到頭來拋盔卸

甲,下場還是一般人。」

　　捕頭聽出了這弦外之音,於是知趣地撤走了手下人。關漢卿不僅是反封建的戲劇藝術大師,也是沉著機智、講究鬥爭藝術的勇士。

湯顯祖戲曲創作不拘一格

湯顯祖（西元1550年～1616年），字義仍，號海若、若士、清遠道人。江西臨川人。元末明初戲曲家和文學家。在戲曲創作方面，反對擬古和拘泥於格律。

作品以《牡丹亭》最著名。在戲曲史上，和關漢卿、王實甫齊名，在中國乃至世界文學史上都有著重要的地位。

湯顯祖出身書香門第，早有才名，12歲的詩作即已顯出才華。14歲補縣諸生，21歲中舉。這時，他不僅於古文詩詞頗精，而且能通天文地理、醫藥卜筮諸書。

湯顯祖年輕時曾經刊印詩集《紅泉逸草》、《雍藻》和《問棘郵草》，可惜未傳。28歲時曾作第一部傳奇《紫簫記》，得到友人的合作，但未完稿，10年後改寫為《紫釵記》。

湯顯祖於34歲中進士後，在南京先後任太常寺博士、詹事府主簿和禮部祠祭司主事。他目睹了當時官僚腐敗憤，上書皇帝《論輔臣科臣疏》，彈劾朝廷要員並抨擊朝政，觸怒了皇帝而被貶為徐聞典史，後調任浙江遂昌縣知縣，一任5年，政績斐然。卻因壓制豪強，觸怒權貴而招致上司的非議

和地方勢力的反對，終於西元1598年憤而棄官歸里。

湯顯祖在家居期間，心情頗矛盾。後來逐漸打消了進仕之念，潛心於戲劇及詩詞創作。

湯顯祖的專著《宜黃縣戲神清源師廟記》，是中國戲曲史上論述戲劇表演的一篇重要文獻，對導演學起了拓荒開路的作用。湯顯祖還是一位傑出的詩人。其詩作有《玉茗堂全集》4卷、《紅泉逸草》1卷，《問棘郵草》2卷。

在湯顯祖多方面的成就中，以戲曲創作為最，其戲劇作品傳奇《牡丹亭》、《邯鄲記》、《南柯記》、《紫釵記》，合稱《玉茗堂四夢》，不但為中國歷代人民所喜愛，而且已傳播到英、日、德、俄等很多國家，被視為世界戲劇藝術的珍品。

《牡丹亭》共55出，寫杜麗娘和柳夢梅的愛情故事，其中不少情節取自話本《杜麗娘慕色還魂》。《牡丹亭》和話本相比，不僅在情節和描寫上作了較大改動，而且主題思想有極大的提高。

《牡丹亭》劇情梗概是：貧寒書生柳夢梅夢見在一座花園的梅樹下立著一位佳人，說同他有姻緣之分，從此經常思念她。南安太守杜寶之女名麗娘，才貌端妍，從師陳最良讀書。

她因《詩經·關雎》章而傷春尋春，從花園回來後在昏

昏睡夢中見一書生持半枝垂柳前來求愛，兩人在牡丹亭畔幽會。

杜麗娘從此愁悶消瘦，一病不起。她在彌留之際要求母親把她葬在花園的梅樹下，囑咐丫鬟春香將其自畫像藏在太湖石底。其父升任淮陽安撫使，委託陳最良葬女並修建「梅花庵觀」。

3年後，柳夢梅赴京應試，借宿梅花觀中，在太湖石下拾得杜麗娘畫像，發現就是夢中見到的佳人。杜麗娘魂遊後園，和柳夢梅再度幽會。柳夢梅掘墓開棺，杜麗娘起死回生，兩人結為夫妻。

《牡丹亭》比同時代的愛情劇高出一籌。劇中關於杜麗娘、柳夢梅在夢中第二次見面就相好幽會，杜麗娘鬼魂和情人同居，還魂後才正式「拜告天地」成婚的描寫。

關於杜麗娘不是死於愛情的被破壞，而是由於夢中獲得的愛情在現實中難以尋覓，一時感傷而死，也即所謂「慕色而亡」的描寫，都使它別具一格，顯示了要求解放個性的思想傾向和浪漫誇張的藝術手法。

《邯鄲記》共30出，本事據唐代沈既濟的傳奇小說《枕中記》改編。曲詞比較樸素。

《邯鄲記》劇情梗概是：盧生一貧如洗，在邯鄲道旅舍

近古時期—文苑大師

中遇道士呂洞賓授他一枕,即入夢中。臥枕時旅舍主人方蒸黃粱。

盧生在夢中得娶名門女子,中進士,當了20年宰相,封國公,食邑五千戶,官加上柱國太師。他的子孫也一齊高升。一夢醒來,黃粱方熟,盧生遂悟破人生,隨呂洞賓出家。

《邯鄲記》描寫盧生的煊赫聲勢,較之《枕中記》展開了更多的描繪。對盧生的卑劣手段,如倚仗妻子有錢去賄通官僚勳貴,以及中狀元等刻劃,更是屬於湯顯祖的創造。盧生享盡富貴榮華,在臨死之際,還一心思念身後的贈諡和青史留名。

作品揭示和批判了封建官僚由發跡到死亡的醜惡歷史。在相當程度上反映了明代官場的黑暗。這裡融合了湯顯祖在多年仕宦經歷中和對社會的觀察中所感受到的官場傾軋、科舉腐敗和官僚奢侈等情況。

《南柯記》共44出,本事據唐代李公佐的傳奇小說《南柯太守傳》改編。

《南柯記》劇情梗概是:淳於棼酒醉後夢入槐安國即螞蟻國被招為駙馬,和瑤芳公主成婚。後任南柯太守,政績卓著。公主死後,召還宮中,加封左相。他權傾一時,淫亂無度,終於被逐。醒來卻是一夢,被契玄禪師度他出家。

《南柯記》與《南柯太守傳》相比，在描寫中更多地揭露了朝廷的驕奢淫逸、文人的奉承獻媚等。

《紫釵記》共 53 出，系據《紫簫記》改作。《紫簫記》是湯顯祖的早期作品，其中的男女主角李益和霍小玉明顯來自唐代蔣防的傳奇小說《霍小玉傳》，但情節不同。

在《紫釵記》中，作者在情節上改動數處。比如：娼妓身分的霍小玉改為良家女子；經人撮合改為李益由拾釵而識小玉；批判負心漢改為歌頌李益和小玉在愛情上的堅貞，而阻撓他們婚姻的是盧太尉；把黃衫客寫成一個與宮廷有密切關係的十分有權勢的人物。

《紫釵記》辭藻華麗，但也有疏雋處。《墮釵燈影》寫霍小玉和李益相會時又驚又羞又喜的初戀之情，細緻傳神；《凍賣珠釵》寫霍小玉的痴情，相當動人。《折柳陽關》、《玉工傷感》、《怒撒金錢》等出寫人物心理，結合氛圍襯托，也很成功。

湯顯祖的文學思想是主情的，他所說的「情」又首先是包括性愛之慾在內的人生慾求。在嚴格的封建禮教中，婚姻固不可以男女相慕的感情為先，但在一般的社會觀念上，對這種「情」多少有所容忍。至於在「情」之後更深一層的性愛之「慾」，特別是女性的慾，連提起來都是「淫鄙無恥」的。

湯顯祖第一次在戲劇中以明白和肯定態度指明：「慾」才

近古時期—文苑大師

是「情」的基礎,它是美好的、應該得到合理的滿足,並以傑出的藝術創造表現了它的美好動人。這種描繪所包含的人性解放精神,無疑要比一般地歌頌愛情來得強烈。

湯顯祖在當時和後世都有很大影響。即使是認為他用韻任意,不講究曲律的評論家,也幾乎無一不稱讚《牡丹亭》,如晚於湯顯祖20多年的戲曲家呂天成推崇湯顯祖為「絕代奇才」和「千秋之詞匠」。

由於湯顯祖的影響,明末出現了一些刻意學習湯顯祖、追求文采的劇作家,後人也因之有玉茗堂派或臨川派之說,實際上並不恰切。而《牡丹亭》中個性解放的思想傾向,影響更為深遠,從清代的《紅樓夢》中也可看出這種影響。

【旁注】

傳奇:小說體裁之一。一般指唐宋人用文言寫作的短篇小說。戲劇方面的含義,是指明清以唱南曲為主的長篇戲曲,以別於北雜劇,是宋元南戲的進一步發展。

典史:官名。元始置,明清沿置,不入品階,即「未入流」,是知縣下面掌管緝捕、監獄的屬官。如無縣丞、主簿,則典史兼領其職。

話本:也稱為「話文」或簡稱「話」。宋代興起的白話小

說,用通俗文字寫成,以歷史故事和當時社會生活為題材,是宋元民間藝人說唱的底本。今存話本有《清平山堂話本》和《全相平話五種》等。

沈既濟(約西元750年~800年):吳縣,今蘇州人。唐代小說家,史學家。唐德宗時做過史館修撰,《舊唐書》本傳稱他「博通群籍,史筆尤工」。

李公佐:字顓蒙,隴西,今甘肅東南人。唐代小說家。舉進士。憲宗元和年間為江南西道觀察使判官。其自作傳奇今存《南柯太守傳》、《謝小娥傳》、《廬江馮媼傳》和《古嶽瀆經》4篇。

蔣防:字子徵,又字如城。唐義興人。唐代文學家。其傳奇《霍小玉傳》最為著名,明代文學家胡應麟推崇為「唐人最精采動人之傳奇」。明戲劇家湯顯祖取為劇材,成《紫釵記》,近人又著為《紫玉釵劇本》,流傳於世。

呂天成(西元1580年~1618年):名文,字天成,一字勤之,號棘津,別號鬱藍生。生於明代餘姚縣城。明代劇作家和戲曲理論家。著作甚多,戲曲論著《曲品》最負盛名,品評元末至當時傳奇散曲作家儲存不少明代戲曲資料。今存《齊東絕倒》,署名竹痴居士。

王實甫(西元1260年~1316年):名德信,大都,今北京人。著有雜劇14種,現存《西廂記》、《麗春堂》、《破窯記》

3種。《破窯記》寫劉月娥和呂蒙正悲歡離合的故事，有人懷疑不是王實甫的手筆。另有《販茶船》、《芙蓉亭》兩種，各傳有曲文一折。

■【閱讀連結】

湯顯祖的家鄉至今流傳著他新婚之夜的一段軼事：新婚之夜，新娘子逗趣地對新郎湯顯祖說：「都說你才高八斗，我現在請你對個對子，要是對不出來，就罰你坐到天亮。」

湯顯祖隨即答應。湯夫人環視洞房，脫口唸道：「紅燭蟠龍，水裡龍火裡化。」

湯顯祖一時未得佳句，最後瞥見夫人的繡花鞋，來了靈感，高聲吟道：「花鞋繡鳳，天邊鳳地邊飛。」

夫人聽到這絕妙下聯，不禁喜形於色，立即坐起來說：「好對！官人果然才高，現在恭請安睡吧！」

施耐庵開啟小說創作先河

施耐庵（西元1296年～1371年），原名施彥端，又名肇端，一說名耳，字彥端，號子安，別號耐庵。原籍泰州海陵縣或蘇州吳縣閶門，出生於江蘇興化。元末明初文學家。

他蒐集整理關於梁山泊宋江等英雄人物的故事，最終寫成中國「四大名著」之一的《水滸傳》，對後世小說創作產生極深遠的影響。被譯成多國文字，在世界範圍內傳播。

施耐庵自幼聰明好學，才氣過人，事親至孝，為人仗義。19歲時中秀才，28歲時中舉人，36歲與劉伯溫同榜中進士。他曾在錢塘為官3年，因不滿官場黑暗，不願逢迎權貴，棄官回鄉。

張士誠起義抗元時，施耐庵參加了他的軍事活動，在他幕下參與謀劃。後來張士誠兵敗，施耐庵為避禍，浪跡天涯，漫遊山東、河南、山東等地。後隱居淮安，與弟子羅貫中撰《三國志演義》、《三遂平妖傳》等。他深感時政衰敗，於是作《水滸傳》寄託心意。

《水滸傳》又名《忠義水滸傳》，一般簡稱《水滸》。施耐

近古時期—文苑大師

庵在創作《水滸傳》的整個過程中,羅貫中給予施耐庵巨大的支持和幫助。

事實上,實際參與創作者跨越了從宋元到明末的數百年,包括了民間說書人、文人、書商等,是一部世代累積型的長篇文學作品。施耐庵寫完《水滸傳》後沒過幾年就病逝了。

《水滸傳》以宋江領導的農民如魯智深、官員如盧俊義起義為主要題材,透過梁山英雄反抗壓迫、英勇鬥爭的一系列故事,生動地揭示了當時的社會矛盾,暴露了封建統治階級的腐朽和殘暴,揭露了當時尖銳對立的社會矛盾和「官逼民反」的殘酷現實。書中共出現數百之多的人物,是世界文學史上人物最多的小說。

這裡以120回本《水滸全傳》為據,全書可以分為以下幾個部分:

一是魯智深、林沖、武松等好漢上梁山前的個人經歷;二是宋江在發配途中與各路好漢的奇遇以及最終上梁山的經歷;三是宋江帶領梁山進行的幾場戰役,招降一些好漢上梁山;四是原首領晁蓋去世後,宋江確立梁山首領地位以及大聚義的故事;五是大聚義後與官軍的戰鬥以及受招安;六是征服企圖進犯的遼國;七是打敗割據勢力田虎、王慶;八是在江南與割據的方臘作戰並死傷三分之二以上。全書在悲劇

且引人深思的氛圍中結束。

《水滸傳》的藝術成就，最突出地表現在英雄人物的塑造上。全書巨大的歷史主題，主要是透過對起義英雄的歌頌和對他們鬥爭的描繪中具體表現出來的。因而英雄形象塑造的成功，是作品具有光輝藝術生命的重要因素。在《水滸傳》中，至少出現了一二十個個性鮮明的典型形象，這些形象有血有肉，栩栩如生，躍然紙上。

作者在人物塑造上，最大特點是善於把人物置身於真實的歷史環境中，扣緊人物的身分、經歷和遭遇來刻劃他們的性格。

比如，林沖、魯達雖同是武藝高強的軍官，但由於身分、經歷和遭遇的不同，因而走上梁山的道路也很不一樣，作者正是這樣表現了他們不同的性格特徵的。

林沖禁軍教頭的地位，優厚的待遇，美滿的家庭，使他很自然地形成了一種安於現實，怯於反抗的性格，對統治階級的逼害一再隱忍。同時，這種經歷又使他結交了四方好漢，形成了豪爽、耿直、不甘久居人下的品德。因此林沖的隱忍不同於逆來順受。

在他「忍」的性格中，蘊藏著「不能忍」的因素，聚集著復仇的怒火。最後，他被逼上梁山，正是這種怒火的總爆發，是他性格發展的必然結果。

與林沖相比,魯達並未遇到那樣的不幸,但他在和統治階級長期周旋中,看透了他們荒淫腐朽的本質,加之他一無牽掛的身世,形成了他酷愛自由,好打不平的性格。這種性格和當時黑暗的現實,存在著不可調和的矛盾。因此,魯達是向整個封建統治階級挑戰而主動地走上了反抗的道路。

《水滸傳》總是把人物放在階級鬥爭的激流中,甚至把人物置於生死存亡的關頭,以自己的行動、語言來顯示他們的性格特徵。

如「劫法場石秀跳樓」一回中這樣描寫:「樓上石秀只就一聲和裡,掣出腰刀在手,應聲大叫:『梁山泊好漢全夥在此!』……石秀樓上跳將下來,手舉鋼刀,殺人似砍瓜切菜,走不迭的,殺翻十數個;一隻手拖住盧俊義投南便走。」

只此寥寥數筆,透過對石秀幾個異常敏捷啟用的白描,把他當機立斷,臨危不懼的性格表現得入木三分。作者巧妙地把人物的行動、語言和內心的複雜活動,緊緊地交融在一起,雖無靜止的心理描寫,卻能準確、深刻地揭示出人物的內心世界。

同樣以劫法場迅雷不及掩耳之勢,扯住盧俊義便走。在他被捕後大罵梁中書時,道出了梁山大軍即將臨城的形勢,這才使梁中書不敢殺害他們。透過石秀果斷的行動,機智的語言,又看到了他細微的內心活動。

> 施耐庵開啟小說創作先河

　　小說中類似這樣的精采的描寫是很多的，像當林沖抓住高衙內提拳要打而又未敢下落時的微妙心理，像宋江吟反詩時流露那種壯志未酬，滿腔鬱悶的心情，都是透過行動、語言來表現出人物的內心世界，並進一步深化了人物性格。

　　對於《水滸傳》的思想傾向歷來有不同看法。一種觀點認為《水滸傳》表現的是忠義的思想。主要的代表人物是明代的李贄。

　　另外一種觀點認為這是一部寫給強盜看的書，是教人做強盜的書。主要是明朝的左懋第提出的，他認為《水滸傳》教壞了百姓，強盜學宋江；並且認為如果不禁毀《水滸傳》，對於世風的影響是不堪設想的。當時朝廷接受了他的建議，將《水滸傳》在全國各地收繳。

　　在中國文學史上，《水滸傳》具有崇高的地位，產生了重大的影響。它刊行後不久，嘉靖間的一批著名文人如唐順之等就盛讚它寫得「委曲詳盡，血脈貫通，《史記》而下，便是此書」。

　　小說作為一種新的文體，從此在文學領域內確立了應有的地位，開始逐步改變以詩文為正宗的文壇面貌。

　　從小說創作的角度來看，它和《三國演義》一起，奠定了中國古代長篇小說的民族形式和民族風格，為廣大人民大眾所喜愛，形成了中華民族特有的審美心理和鑑賞習慣。

近古時期—文苑大師

　　它比之《三國演義》，更貼近生活，作者開始把目光投向市井社會、日常瑣事和平凡的人物，注重刻劃人物性格的層次性、流動性，並純熟地使用了白話，多方面地推進了中國古代長篇小說文學的發展。

　　《水滸傳》盛行以後，各種文學藝術樣式都把它作為題材的淵藪。

　　《水滸傳》在世界範圍內廣泛流傳並得到了高度的評價。《大英百科全書》（*Encyclopædia Britannica*）說：

　　　元末明初的小說《水滸》，因以通俗的口語形式出現於歷史傑作的行列而獲得普遍的喝采，它被認為是最有意義的一部文學作品。

　　《水滸傳》已有英、法、德、日、俄、拉丁、義大利、匈牙利、捷克斯洛伐克、波蘭、北韓、越南、泰國等10多種文字的數十種譯本。

　　著名的美國女作家賽珍珠（Pearl Sydenstricker Buck）於1933年翻譯出版的名為《四海之內兄弟》的70回本已十分流行。這位諾貝爾獎金得主在此書的序言中曾經這樣說：

　　　《水滸傳》這部著作始終是偉大的，並且滿含著全人類的意義，儘管它問世以來已經過去了幾個世紀。

　　《水滸傳》確是世界文學寶庫中的一顆明珠。

【旁注】

發配：即流配，是古代的一種刑罰，指先在死刑減等的罪犯或其他重犯臉上刺字，再押解到邊遠的地方去服勞役。有終生和永久兩種。終身，規定罪犯要服役到死；永久，還要罪及子孫後代。

招安：也作「招撫」。勸說使歸附；用籠絡手段使投降歸順。狹義上是指一個國家的合法政權對不合法的地方或地下民間組織的一種安置行為。通常不外乎給予聽任政府的條件，讓組織有機會重新成為合法組織。在現代社會中有很多的引申含義。

禁軍教頭：禁軍是宋代宮廷的正規軍，教頭指的是操練士兵武藝的軍官。禁軍教頭指的就是宋代軍隊中教練武藝的人員，有「教頭」、「都教頭」之別，單稱「教頭」者為一般教練，地位很低。

衙內：唐代稱擔任警衛的官員，五代和宋初這種職務多由大臣子弟擔任，宋元時便稱官家子弟為「衙內」，猶如稱「王孫」、「公子」一樣。

淵藪：淵即深水，指魚住的地方；藪即水邊的草地，指獸住的地方。比喻人或事物集中的地方。引申為事物的泉源。比如，記憶是一個人所經歷事物的意義的淵藪，是一個

近古時期─文苑大師

人培養真善美優良性格的泉源。

劉伯溫（西元 1311 年～1375 年）：即劉基，字伯溫。青田縣南田鄉，今屬浙江省文成縣人。元末明軍事家、政治家和文學家。輔佐朱元璋完成帝業，被後人比作諸葛武侯。在文學史上，劉基與宋濂、高啟並稱「明初詩文三大家」。諡「文成」。

左懋第（西元 1601 年～1645 年）：字仲及，號蘿石。明代山東萊陽縣人。明代著名政治家、外交家。他寧死不肯投降清王朝，被人民譽為「明末文天祥」。

唐順之（西元 1507 年～1560 年）：字應德，一字義修，號荊川，武進人。明代儒學大師、軍事家、散文家，抗倭英雄。文武全才，提倡唐宋散文，與王慎中、歸有光合稱嘉靖三大家，是明代重要文學流派唐宋派代表人物。

【閱讀連結】

明朝初年的一天，施耐庵在一座茶山上游玩時，遇見一個惡霸在強奪農夫的茶園，就趕上前去阻止。惡霸花錢僱了打手，將施耐庵的居所圍住。

施耐庵坦然自若地出了門。打手們見他赤手空拳，便一哄而上。其中一個黑臉大漢，手舉根鐵棒挾著風聲朝施耐庵

施耐庵開啟小說創作先河

的頭頂劈來。

　　施耐庵一個「順風扯旗」，讓過了棒鋒，雙手抓住鐵棒，同時飛起右腳，踢在大漢小腹上，那傢伙便滾出一丈多遠。施耐庵舞起奪來的鐵棒一陣橫掃，嚇得那幫傢伙四處逃竄。

近古時期—文苑大師

近世時期 —— 小說巨匠

　　明清兩代是中國歷史上的近世時期。明清易代變化之大，在文學領域引起了極其強烈的震撼，小說家們在雷擊般的生命感悟後，鐵肩擔道義，妙手著文章，如羅貫中、吳承恩和曹雪芹等人，而他們的作品，則成為明清小說的巔峰之作。

　　隨著西方文化的傳入，吳敬梓、李寶嘉和吳趼人等將文學視為社會改革的工具，創作出具有諷刺和譴責意味的小說。明清時期小說家們，以他們的如椽巨筆，樹立起中國文學史上的一座座豐碑。

近世時期─小說巨匠

羅貫中始作章回體小說

羅貫中（約西元 1330 年～ 1400 年），名本，字貫中，號湖海散人。山西太原人，一說山東東平人，也有說浙江杭州或江西吉安人。元末明初著名小說家。中國章回小說的鼻祖。

他一生著作頗豐，其代表作《三國演義》是中國「四大名著」之一。它的出現，象徵著中國古代小說從「話本」階段向長篇章回體過渡的完成，揭開了中國小說發展歷史嶄新的一頁。

羅貫中小的時候，父親經常跟他講古代英雄人物的故事，有秦始皇統一天下，有衛青、霍去病打擊匈奴，講得最多的則是三國時的英雄關羽、趙雲、張飛和諸葛亮等，這些人物在羅貫中的腦海裡留下了深刻的印象。

羅貫中長大後，為了增長知識和閱歷，他離開家鄉，到了大江南北。無論他走到哪裡，都能聽到許多三國時期的故事，而且大家說的都不一樣，這使羅貫中非常疑惑。

他找來一本陳壽寫的《三國志》，耐心地讀起來，從中他

羅貫中始作章回體小說

了解到三國人物的實際情況。但民間有關三國的傳說卻是十分精采。羅貫中經過了長時間的摸索，決定寫一部關於三國故事的書。

為了寫好三國故事，羅貫中拜訪了許多文學家和詩人，向他們請教有關三國的一些問題。他還收集整理了大量民間傳說和故事，這些都為他以後寫《三國演義》打下了基礎。羅貫中還特別注意向老人們請教。

經過3年的蒐集整理，羅貫中已經擁有很多資料了。他決定開始寫《三國演義》，但他又開始發愁了，不知道用什麼方式寫。最後他採用一種前人沒有用過的「章回體」方式來進行寫作。歷經數十載，一部鉅著《三國演義》終於完成了。

《三國演義》全稱《三國志通俗演義》，是羅貫中在民間傳說和民間藝人創作的話本、戲曲的基礎上，依據陳壽寫的《三國志》和裴松之注的正史材料，加上他自己的才學和經驗寫成的。《三國演義》成書之後，又經後人多次增刪、整理，現在最流行的，是清朝康熙年間毛宗崗修改的本子。

《三國演義》講的歷史故事，從東漢末年的西元184年黃巾起義開始，到西元280年司馬氏統一中國為止，描寫近100年的歷史故事。

不但揭露了封建帝王階級對農民起義的殘酷鎮壓，而且揭露了他們之間各種政治、軍事和外交的激烈鬥爭。同時，

近世時期—小說巨匠

也反映了當時人民遭受的種種苦難,以及他們反對分裂,要求統一的願望。

幾乎所有的《三國演義》的讀者都有這樣一個共識,即尊劉貶曹。就是尊崇蜀漢政權的劉備,貶低曹魏政權的曹操。其實,在《三國演義》中,羅貫中對於劉備,並非簡單地因為劉備姓劉,而是由於劉備集團一開始就提出「上報國家,下安黎庶」的口號,為恢復漢家的一統天下而不屈奮鬥,不懈努力,被宋元以來具有民族思想的廣大群眾所仰慕。

羅貫中對於曹操,認為他不僅不忠於劉氏王朝,是「奸雄」的典型,而且常常屠殺百姓,摧殘人才,在這方面,作品對其惡德劣行的描寫大多於史有據,並非有意「曲解」。

而對曹操統一北方的巨大功績,對他在討董卓、擒呂布、掃袁術、滅袁紹、擊烏桓等重大戰役中所表現的非凡膽略和智謀,羅貫中都作了肯定性的描寫,並沒有隨意貶低。

同時,書中展示了曹操任人唯才、禮賢下士、詩人情懷和遠大志向,比較全面的呈現了曹操複雜的人物性情和政治思想。也謳歌了曹魏集團的一大批文臣武將的忠義、智慧、男子氣概等,所讚美的人和事並不比劉備那邊的少。

羅貫中之所以這樣寫,其實是寫作的需求。因為作者要更好地表現小說裡的矛盾衝突,勢必要選出兩個兩個對立面,使讀者感到善惡分明,立場明確,有更深刻的印象。

有對立面,才能顯示主角的種種才華。而讀者大多喜歡這樣的模式,弱小的慢慢地變強大,讀者的心就愈發的興奮。這是寫作的一貫模式。

此外,羅貫中因為抓住了「忠義」這個詞,抓住了讀者的心,才有了這樣寫的傾向,甚至我們可以這麼說,羅貫中只是在寫小說,並沒有表立場。「尊劉貶曹」只是尊仁義道德等美好的人性美德,貶的是奸逆殘暴等醜惡,並不是通常理解的政治傾向上的「尊劉貶曹」。由此可見,「尊劉貶曹」其實只是讀者自己的個人傾向。

除了對人性進行道德意義上的評判之外,《三國演義》提供了不少戰爭經驗和各種軍事科學知識,對戰爭的描寫,是很出色的。

比如寫官渡之戰,先介紹兩軍力量的對比。袁紹兵多糧足,擁軍 70 萬。而曹操兵少糧缺,只有 7 萬人。但是戰爭勝敗不但取決於客觀軍事力量的強弱,而且還取決於主觀指揮是否正確。於是繼而再攻,各個擊破。

相反,袁紹自恃強大,沒有利用兵多糧足的優勢、結果大敗而歸。根本原因是指揮不當。這是一次以少勝多的經典戰例。

其他如赤壁鏖兵、夷陵之戰等,都寫有聲有色,雄偉壯闊,引人入勝。同時,也為後人提供了豐富的戰術經驗和教

近世時期—小說巨匠

訓。後來，很多軍事將領把《三國演義》當做軍事教科書來學習、運用。

在《三國演義》中，有關政治、外交、思想、道德等方面的內容，也是極為豐富的。讀者從中也將獲益不淺。

就文學影響而言，《三國演義》開創了歷史小說的先河。自羅貫中把三國歷史寫成小說以來，文人紛紛效法，各取中國歷史一段，寫成各種歷史小說。於是，在中國文學史上，歷史小說便蔚然成為一大潮流。

明代比較有名的歷史小說，就有《東周列國志》、《楊家將演義》、《說唐》、《精忠傳》等等。直到現在，中國幾千年的歷史，都已寫成了各種歷史小說。近幾年出版的《五千年演義》等，無不是羅貫中歷史演義的繼承和發展。

《三國演義》為如何寫作歷史小說，提供了「七分事實，三分虛構」基本經驗。

《三國演義》中的歷史事作和人物，大都是真實的。黃巾起義、董卓之亂、官渡、赤壁之戰等等，在歷史上，真有其事。漢末天下大亂，群雄並起，董卓、曹操、袁紹、劉表、劉備、孫權以及關羽、張飛、諸葛亮等等，在歷史上，也確有其人。這就是「七分事實」。

歷史小說的創作，在涉及歷史之時，原則上要符合歷史

的真實,不可杜撰或捏造。否則,就不是歷史小說了。但另一方面,《三國演義》又不等於三國歷史,它畢竟是一部小說。所以,其中不少內容和情節是作虛構的,誇張的。不但歷史上不存在「吳國太佛寺看新郎」、「獻密計黃蓋受刑」和「七星壇諸葛亮祭風」等事件。而且,就是對歷史人物如劉備、曹操、諸葛亮、關羽和張飛等,也不是從《三國志》裡照搬到《三國演義》中來。而是作者依據對人性的道德評判思想給予加工改造。有的加以美化、神化,有的加以醜化。《三國演義》中的這些人物,已是藝術典型。這就是「三分虛構。」

《三國演義》的結構、構思宏偉嚴密,情節曲折變化而又脈絡分明。它既以人物為中心,又描寫出戰爭雙方的戰術策略,書中一些戰爭場面。如「三英戰呂布」、「趙雲七進七出」、「赤壁大戰」、「火燒連營」等場面,讓人感到驚心動魄、扣人心弦。

《三國演義》塑造了許多鮮明的人物形象。如神機妙算的諸葛亮、狡猾奸詐的曹操、魯莽的張飛、重義氣的關羽、少年老成的周瑜等都栩栩如生,至今他們的形象還生動地留在人們心中。

《三國演義》開創了中國章回體小說新紀元,為中國以歷史題材為題的文學作品鋪開了道路。其內容成為百姓們茶餘

近世時期─小說巨匠

飯後的精采故事,影響民俗文化,其中有些內容可用來教育後代。

總之,《三國演義》是一文學性很高的作品。但它也有種種不足。如否定農民起義的錯誤立場,封建迷信等等。然而它畢竟是一部偉大的文學名著,羅貫中也因此獲得了在中國文學史上的重要地位。

【旁注】

衛青:字仲卿。河東平陽,今山西臨汾市人。西漢武帝時的大司馬大將軍。戰法革新,始破匈奴,首次出征奇襲龍城打破了自漢初以來匈奴不敗的神話,為北部疆域的開拓做出重大貢獻。諡號「烈」。

霍去病:河東郡平陽縣,今山西臨汾西南人。西漢武帝時期的傑出軍事家,是名將衛青的外甥,任大司馬驃騎將軍。好騎射,善於長途奔襲。多次率軍與匈奴交戰,也留下了登狼居胥山築壇祭天以告成功的佳話。

章回體:中國古代長篇小說的一種敘述體式。其特點是將全書分為若干章節,稱為「回」或節。少則十幾回、幾十回,多則百餘回。每回前用單句或兩句對偶的文字作標題,稱為「回目」,概括本回故事內容。一回敘述一個較完整的故

事段落，有相對獨立性，但又承上啟下。

裴松之：字世期，南朝宋河東聞喜人。後移居江南。著名史學家，為《三國志注》作者。與裴駰、裴子野祖孫三代有「史學三裴」之稱。

烏桓：中國古代民族之一。亦作烏丸。烏桓族原與鮮卑同為東胡部落。其族屬和語言系屬有突厥、蒙古、通古斯諸說，未有定論。西元前3世紀末，匈奴破東胡後，遷至烏桓山，遂以山名為族號，大約活動於今西拉木倫河兩岸及歸喇裡河西南地區。

關羽（約西元160年或162年～220年）：字雲長，今山西運城人。東漢末年的名將。劉備起兵時，關羽跟隨劉備，忠心不二，深受劉備信任。關羽乘勢北伐曹魏，威震華夏。關羽去世後，逐漸被神化，被民間尊為「關公」；歷代朝廷多有褒封，崇為「武聖」，與「文聖」孔子齊名。

陳壽（西元233年～297年）：字承祚，西晉史學家，今四川南充人。他小時候好學，師事同郡學者譙周，當時，宦官黃皓專權，大臣都曲意附從。陳壽因為不肯屈從黃皓，所以屢遭遭黜。西元280年，晉滅東吳，結束了分裂局面。陳壽當時48歲，開始撰寫《三國志》。

近世時期—小說巨匠

■【閱讀連結】

施耐庵在寫《水滸》的時，他每寫出一回，先交給羅貫中閱讀，並虛心聽取意見。羅貫中也總是坦誠相待，反覆斟酌其中的章節，仔細推敲文字，向施耐庵提出修改和補充見解。

當施耐庵遇到寫不下去的故事情節時，便找到羅貫中一起商討。當時在外人看來，羅貫中只是施耐庵患難與共的家人，而實際上，他們是推心置腹的益友。

在《水滸傳》創作的整個過程中，羅貫中付出了辛勤的勞動，給予施耐庵巨大的支持和幫助。

吳承恩託神魔鬼怪以言志

吳承恩（西元1501年～1582年），字汝忠，號射陽山人。生於淮安府山陽縣，即今江蘇省淮安市楚州區。明代小說家。

在他一生創作的大量作品中，成就最突出者當屬中國「四大名著」之一的《西遊記》，書中創造的神怪世界，在中外享有很高的聲譽。

吳承恩出生於一個小商人家庭，祖上曾做過小官，到他父親吳銳時，家道已中落，只能靠做些小本生意維持生活。少年吳承恩天資聰穎、機智善辯，據說他讀書一目十行，過目不忘，還寫得一手好文章。

吳承恩少時還有一個不同於其他孩子的特點，就是他特別喜歡神仙鬼怪、狐妖猴精一類的故事。他經常瞞著父母看一些《玄怪錄》之類的野史小說。這些經歷對他創作《西遊記》有著不可低估的影響。

步入青年時代的吳承恩，科場一再失意，這位譽滿鄉里的才子，因此經受了很大的精神壓力和社會壓力。他變得狂

近世時期—小說巨匠

放不羈,輕世傲物,對科舉制度產生了明顯的不滿情緒。

西元1550年,吳承恩被淮安府呈為貢生,但進京選官又空手而歸。他後來曾做過兩年小官,最後罷官回到淮安。經過深思熟慮,他選擇了寫作,這是他早就有的願望,現在終於可以實施了。

《西遊記》所寫的唐僧取經故事,是由玄奘的經歷演繹成的。西元627年,唐太宗主政時的和尚玄奘不顧禁令,偷越國境,費時17載,經歷百餘國。隻身一人前往天竺,即印度取回佛經657部。

玄奘向其弟子辯機口述西行見聞,並由辯機整理寫成《大唐西域記》。為了宣傳佛教並頌揚師父的業績,弟子們不免誇張其詞,並插入一些帶有神話色彩的故事,如獅子王劫女為子、西女國生男不舉,迦溼彌羅國「滅壞佛法」等。此後取經故事即在社會上廣泛流傳,愈傳愈離奇。

在《獨異志》、《大唐新語》等唐人筆記中,取經故事已帶有濃厚的神奇色彩。到了南宋的說經話本《大唐三藏取經詩話》中,又把各種神話與取經故事串聯起來,出現了猴行者的形象。

猴行者原是「花果山紫雲洞八萬四千銅頭鐵額獼猴王」,化身為白衣秀士,來護送三藏。他神通廣大、足智多謀,一路殺白虎精、伏九尾龍、降深沙神,使取經事業得以「功

德圓滿」。這是取經故事的中心人物由玄奘逐漸變為猴王的開端。

猴行者的形象源於中國古代的志怪小說及《吳越春秋》、《搜神記》、《補江總白猿傳》等書中的白猿成精作怪的故事。而《古嶽瀆經》中的淮渦水怪無支祁的「神變奮迅」和叛逆性格同取經傳說中的猴王尤為接近。

書中的深沙神則是《西遊記》中沙僧的前身，但還沒有出現豬八戒。由宋至明，取經故事也經常出現在戲曲舞臺上。

宋元南戲有《陳光蕊江流和尚》，金院本有《唐三藏》，元代有《唐三藏西天取經》雜劇，元末明初有《二郎神鎖齊天大聖》和《西遊記》雜劇。也就是說，在吳承恩創作《西遊記》以前，取經故事已經以各種形式在社會上廣為流傳。

吳承恩就是以當時廣泛流行的唐僧取經的故事作為主題，參照中國古代其他神話故事和他在現實中蒐集到的「神怪」故事，運用天才的想像力，將它們創造性地組合，終於完成了中國神話鉅著《西遊記》。

《西遊記》全書分為三大部分。前七回是全書的引子部分，一邊安排孫悟空出場，交代清楚其出身、師承、能耐、性情；一邊透過孫悟空在天、地、冥、水四境界穿越，描繪四境界風貌，建立一個三維四境界立體思維活動空間。

近世時期—小說巨匠

八至十二回寫唐僧出世、唐太宗入冥故事,交代去西天取經緣由。十三至一百回寫孫悟空、豬八戒、沙悟淨、小白龍保護唐僧西天取經,沿途降妖伏魔,歷經九九八十一難,到達西天,取得真經,修成正果。

《西遊記》向人們展示了一個絢麗多彩的神魔世界,人們無不在作者豐富而大膽的藝術想像面前驚嘆不已。然而,任何一部文學作品都是一定社會生活的縮影,作為神魔小說傑出代表的《西遊記》亦不例外。

正如魯迅先生在《中國小說史略》中指出,《西遊記》「諷刺揶揄則取當時世態,加以鋪張描寫」。又說,「作者稟性,『復善諧劇』,故雖述變幻恍惚之事,亦每雜解頤之言,使神魔皆有人情,精魅亦通世故。」的確如此。

透過《西遊記》中虛幻的神魔世界,我們處處可以看到現實社會的投影。而作者對封建社會最高統治者的態度也頗可玩味,在《西遊記》中,簡直找不出一個稱職的皇帝;至於昏聵無能的玉皇大帝、寵信妖怪的車遲國國王、要將小兒心肝當藥引子的比丘國國王,則不是昏君就是暴君。

玉皇大帝手下十萬天兵天將,竟然抵不過孫猴子一條金箍棒,而讓真正的賢才去當不入流的馬伕,其統治之昏暗,虛弱,不言而喻。

如來佛祖所創佛教，僧人自然不能以錢財所迷，可是佛祖竟然默許手下人收取賄賂，而《西遊記》一路上妖魔鬼怪，多與神佛有瓜葛，如青牛精是太上老君坐騎，金銀角大王是太上老君的童子，獅駝嶺三魔王均與文殊，普賢菩薩甚至如來佛祖有關係。這反映封建社會官官相護的黑暗情景。

對這些形象的刻劃，即使是信手拈來，也無不具有很強的現實意義。《西遊記》不僅有較深刻的思想內容，藝術上也取得了很高的成就。

《西遊記》以豐富奇特的藝術想像、生動曲折的故事情節，栩栩如生的人物形象，幽默詼諧的語言，構築了一座獨具特色的《西遊記》藝術宮殿。

《西遊記》在藝術上的最大成就，是成功地創造了孫悟空這個不朽的人物形象。

孫悟空是《西遊記》中第一主角，是個非常了不起的英雄。他有無窮的本領，天不怕地不怕，具有不屈的反抗精神。

他有著人性、神性和猴性三重特點。大英雄的不凡氣度，對師父弟有情有義，也有愛聽恭維話的缺點，機智勇敢又詼諧好鬧，是為人性，毛臉雷公嘴，山大王則是猴性，而七十二變，一個跟頭十萬八千里，則是神性。

近世時期─小說巨匠

孫悟空最大的特點就是敢鬥。與至高至尊的玉皇大帝敢鬥,從而叫響了「齊天大聖」的美名;與妖魔鬼怪敢鬥,火眼金睛絕不放過一個妖魔,如意金箍棒下絕不對妖魔留情;與一切困難敢鬥,絕不退卻低頭。這就是孫悟空,一個光彩奪目的神話英雄。

大鬧天宮的桀驁不馴,與西天取經相比似乎改變許多,其實悟空的個性仍然沒有變,比如在騙取妖怪的二件寶物,讓玉帝派人裝天,威脅道:「若不從,即上靈霄寶殿動起刀兵。」

在得知妖怪是觀世音菩薩所派,咒她「活該一世無夫」,對如來佛祖更是以「妖精的外甥稱呼」。孫悟空,這麼一個不「聽話」,不為強勢屈服的硬漢子,躍然紙上。

《西遊記》自問世以來在,中國及世界各地廣為流傳,被翻譯成多種語言。《西遊記》是從高麗末期開始傳入韓國的。

如今,韓國的《西遊記》研究雖不能算活躍,但也始終沒有間斷過,不但有關於《西遊記》的學術研究成果,而且韓國人對《西遊記》的翻譯出版也懷有極大的興趣。在日本也出現了以孫悟空為主角的文藝作品。

《西遊記》不僅傳入亞洲國家,在歐美產生廣泛的影響。歐美一些重要的百科全書,如《英國大百科全書》在評介《西遊記》時寫道:

吳承恩託神魔鬼怪以言志

十六世紀中國作家吳承恩的作品《西遊記》,即眾所周知的被譯為《猴》的這部書,是中國一部最珍貴的神奇小說。

《美國大百科全書》寫道:

在十六世紀中國出現的描寫僧人取經故事的《西遊記》,被譯為《猴》,是一部具有豐富內容和光輝思想的神話小說。

【旁注】

野史:一般認為是指古代私家編撰的史書,與官修的史書不同的另一種史書,與「正史」相對而言。正史的史料更可靠,更權威也更可信,但由於封建的正統觀念及其他種種原因,也刪去了一些本該記入正史的事情。這些事情,便成了野史。

貢生:科舉時代,挑選府、州、縣生員中成績或資格優異者,升入京師的國子監讀書,稱為貢生。意謂以人才貢獻給皇帝。貢生相當於舉人副榜。貢生有歲貢、恩貢、優貢、拔貢和副貢。

筆記:中國古代記錄史學的一種文體。意謂隨筆記錄之言,屬野史類史學體裁。有隨筆、筆談、雜識等異名。筆記形式隨便,又無確定格式,諸如見聞雜錄、考訂辨證之類。筆記依其所載內容,大體可分作:神仙鬼怪、歷史瑣聞和考據辨證等類別。

近世時期─小說巨匠

志怪小說：是中國古典小說形式之一，以記敘神異鬼怪故事傳說為主體內容，產生和流行於魏晉南北朝。志怪，就是記錄怪異，主要指魏晉時代產生的一種以記述神仙鬼怪為內容的小說，也可包括漢代的同類作品。

南戲：北宋末至元末明初在南方最早興起的戲曲劇種，中國戲劇的最早成熟形式之一。南戲有多種異名，南方稱之為戲文，明清間亦稱為傳奇。其音樂南曲則是一種重要的戲曲聲腔系統，為其後的許多聲腔劇種的興起和發展，提供了豐富的養分，在中國戲曲藝術發展史上，具有重要意義。

神魔小說：魯迅在《中國小說史略》中首次提出「神魔小說」的概念，該類小說在明清時期較為興盛。其語言風格不拘一格，想像力豐富，背景或為虛幻或為海外某地假託，綜合宗教、神話等民間喜聞樂見的形式，因此至今廣為傳頌。

唐太宗（西元599年～649年）：隴西成紀人。唐朝第二位皇帝，在位23年，諡號「文武大聖大廣孝皇帝」，廟號太宗。傑出的軍事家、政治家、策略家，書法家和詩人。開啟了中國歷史著名的「貞觀之治」，使社會產生了國泰民安的局面。

辯機：大概15歲出家，師從大總持寺著名的薩婆多部學者道嶽，後因高陽公主相贈之金寶神枕失竊，御史庭審時發案上奏，傳高陽公主與其於封地私通，唐太宗怒而刑腰斬。

吳承恩託神魔鬼怪以言志

■【閱讀連結】

新野的猴戲歷史悠久，源遠流長。在這裡做過縣令的吳承恩也對這猴戲無比鍾愛，入耳入腦，瞭如指掌。

《西遊記》中大量地運用了新野的方言，如新野人稱「餃子」為「扁食」，稱動物「不安靜」為「骨冗」等，此類方言在《西遊記》中比比皆是，足見吳承恩對新野的民間習俗了解之深。

也許，因為有了他對新野猴戲細緻入微的觀察，有了新野猴戲中活靈活現的猴子情態，才有了神話力作《西遊記》中招人喜愛的猴王形象。

近世時期—小說巨匠

曹雪芹創清代小說巔峰

曹雪芹（約西元1715年～約1764年），名沾，字夢阮，號雪芹，又號芹溪、芹圃。故里有四，河北豐潤，遼寧遼陽、鐵嶺，江西武陽，尚無確切定論。清代小說家。

所著《紅樓夢》是清代小說巔峰，中國「四大名著」之一，被譯成英、法、德等23種世界語言。由研究此書的思想文化、作者原意等而形成的「紅學」，對世界產生了廣泛的影響。

曹雪芹出身於一個百年望族的大官僚地主家庭，少年時代過著富貴奢華生活。先世原是漢人，後為滿洲正白旗「包衣人」，曹雪芹因此成為旗人。在雍正初年，由於封建統治下政治鬥爭的牽連，曹家遭受一系列打擊，從此一蹶不振，日漸衰微。

經歷了生活中的重大轉折，曹雪芹深感世態炎涼，對封建社會有了更清醒、更深刻的認識。他蔑視權貴，遠離官場，過著貧困如洗的日子。

晚年，曹雪芹移居北京西郊，生活更加窮苦，「滿徑蓬

蒿」,「舉家食粥」。他以堅韌不拔的毅力,專心致志地從事《紅樓夢》的寫作和修訂。後來幼子夭亡,他陷於過度的憂傷和悲痛,臥床不起。西元1764年,終於因貧病無醫淚乾而逝世。

《紅樓夢》的版本有兩個系統,一是僅流傳80回的脂評抄本系統;一是程偉元、高鶚整理補綴的120回印本系統。西元1982年人民文學出版社出版的《紅樓夢》120回校訂注釋本,是一種較為完善的新讀本。

《紅樓夢》的前80回,早在曹雪芹去世前10年左右就已經傳抄問世,至於《紅樓夢》一書的後半部分,2010年人民文學出版社新版署名「曹雪芹著、無名氏續」,象徵著以前的「高鶚續書說」已經被拋棄。

《紅樓夢》又名《石頭記》、《情僧錄》、《風月寶鑑》、《金陵十二釵》等。它以賈、王、史、薛四大家族為背景,以賈寶玉和林黛玉的愛情故事為主線,圍繞兩個主要人物的感情糾葛,描寫了大觀園內外一系列青年男女的愛情故事。

同時,透過對這些愛情悲劇產生的社會環境描繪,牽涉到封建社會政治法律、宗法、婦女、道德、婚姻等方面的問題,昭示了封建社會末期的世態,暴露了封建貴族制度及統治的腐朽與罪惡,歌頌了追求光明的叛逆人物,透過叛逆者的悲劇命運展現了窮途末路的封建社會終將走向滅亡的必然趨勢。

近世時期—小說巨匠

　　《紅樓夢》被譽為「中國封建社會的百科全書」。這部不朽鉅著之所以獲得如此高的評價，首先，因為它展現了封建末世的社會悲劇、封建大家族的天倫悲劇、封建知識分子的人生悲劇和知識女性的命運悲劇，具有深刻的思想內涵。其次，因為它取得了極高的藝術成就，代表了中國古典小說藝術最高峰。

　　《紅樓夢》是中國最優秀的一部古典小說，也是世界文庫中之瑰寶。對於這樣優秀的一部作品，它的藝術特色固然有很多，不能一一說明，這裡只就幾點藝術特點加以說明。

　　《紅樓夢》在藝術上取得了輝煌的成就。它的一個最重要的特點是，它的敘述和描寫就像生活本身那樣豐富、深厚、逼真、自然。

　　《紅樓夢》的世界是作者在生活的基礎上虛構出來的，那環繞著賈寶玉、林黛玉和薛寶釵的大大小小不同階級和階層、不同年齡和性別、不同姿容和性格的幾百個人物，以及他們互相在不同層次和不同方面所發生的依存和矛盾關係。

　　那圍繞著賈、林、薛的愛情婚姻像輻輳式展開的眾多事件，以及他們之間互相勾連又互為因果的複雜關係，都像是渾然天成，一點不見人工斧鑿的痕跡。

　　曹雪芹寫人物完全打破了「好人一切都好，壞人一切都壞」的寫法，他寫的人物都深植在社會生活環境和各自實際

境遇之中，都活動在縱橫交錯的複雜的社會關係之中，其性格受多種客觀因素的影響和牽制，包含著複雜的甚至相互矛盾的因素，表現出多方面的特點。

但是這種性格的多樣性又有機地統一在主導方面，這樣與環境交融的性格不會是固定的，它在主導方面的支配下隨著環境的變化而發展著。

作者著筆稍多的人物，在他們各自的位置上都有一個以自己為中心的世界，然而他們又不是孤立的偶然的存在。

所有的人物，包括中心人物、主要人物和陪襯人物，作者都是總攬全域性，按照小說主題的需求和生活的邏輯進行了匠心的安排，使得每一個安排都盡量地發揮多方面的作用，顯示出豐富的內容和深厚的意義，而彼此又處處關合照應，緊緊圍繞中心集結成為一體。

這樣，《紅樓夢》就完全打破了傳統小說的單線式結構，它以賈寶玉為中心人物，以賈、林、薛愛情婚姻糾葛為線索。但作者不像通常的單線式結構那樣把與中心情節有關的各種社會關係棄置不顧，專一去描寫中心的人物和事件。

而是把中心的人物和事件放在錯綜複雜的環境中，與生活環境中的各種矛盾線索齊頭並進，並且揭示出中心情節和其他各種情節之間的內在聯繫。因而《紅樓夢》展現的情節就像生活本身那樣，具有多層次多方面的特點。

近世時期─小說巨匠

　　《紅樓夢》在文學表現上普遍地運用對比手法。作者安排了鮮明對照的兩個世界：一是以女性為中心的大觀園，這是被統治者的世界；一是以男性為中心的社會，這是統治者的世界。

　　大觀園以賈寶玉、林黛玉和一群處在被壓迫地位的丫鬟為主，包括年輕的小姐們在內，是一個自由天真、充滿了青春的歡聲笑語的女兒國。

　　而與之對立的男子世界，則在權威和禮教的外衣下，處處都是貪婪、腐敗和醜惡。這男子世界以男性統治者為中心，還包括掌權的貴族婦人賈母、王夫人、王熙鳳等人以及執行統治者使命的老媽子如王善保家之流。

　　在大觀園女兒國中，以各個人物的主觀思想又分明形成兩股對峙的勢力：賈寶玉、林黛玉、晴雯、芳官等人追求人性自由，背離封建禮教；薛寶釵、襲人自覺地維護封建禮教。

　　這兩種勢力的鬥爭反映了社會上初步民主主義思想與封建社會的矛盾。但是薛寶釵、賈探春、襲人等又不同於一般統治者，儘管她們在主觀上站到了封建勢力的一邊，但由於她們自身受人擺布的社會地位和實際得到的悲劇結局，也和薄命的其他女子一樣，程度不同地令人同情。

　　作者把這兩個世界對比著寫，還常常拿一個人對兩件事的不同態度對比，拿兩個人對同一件事的態度對比，在對比

曹雪芹創清代小說巔峰

中揭示人物靈魂深處的隱祕，表達作者的愛憎傾向。

《紅樓夢》善於處理虛實關係，做到了虛實結合。它實寫而不淺露，虛寫而不晦暗，有虛有實，虛實相互照應、相互補充，創造出一個含蓄深沉的藝術境界。

作者始終不肯直接描寫賈家冷遇林黛玉。但作者透過襲人的口具體描畫了史湘雲寄居嬸母家的境遇，直接描寫了中秋之夜被冷落在團圓宴席之外的三個孤女，在冷月寒塘的凹晶館的吟詩聯句描寫了她們三人的孤寂和悲苦。

透過這些實筆，可以想像林黛玉的處境，林黛玉自言「一年三百六十日，風刀霜劍嚴相逼」，一點也不誇張，它真實地展現了環境的險惡以及她在其中的感受。

作者很善於運用「春秋筆法」，也就是曲折而意含褒貶的文筆。比如寫王夫人對林黛玉的憎惡，就寫得十分含蓄。

《紅樓夢》一書問世後，產生了跨越時空的巨大的影響。《中國大百科全書》評價說，紅樓夢的價值怎麼估計都不為過。《大英百科》評價說，《紅樓夢》的價值等於整個的歐洲。

《紅樓夢》是一部大書。有評論家這樣說，幾千年中國文學史，假如我們只有一部《紅樓夢》的話，它的光輝也足以照亮古今中外。此外，在學術研究領域形成了聲勢浩大的「紅學」。

近世時期—小說巨匠

在經歷了200多年風風雨雨之後,「紅學」不唯沒有衰微,反而更為興盛,這足以說明《紅樓夢》所具備的藝術價值。

曹雪芹是一名世界文學大師,在文壇上享有著崇高的國際聲譽。在世界大文學家的排名表上,他與莎士比亞、巴爾札克、狄更斯、托爾斯泰齊名,萬古流芳。

【旁注】

包衣人:清代八旗組織內部的一種封建人身領屬制度,它是中國古代封建主僕制度的延續,展現了封建等級社會中臣僕與領主之間的人身隸屬關係。在滿語中,包衣人被讀作「包衣阿哈」,本意為「家裡的僕人」,指清代滿洲貴族家中豢養僕人屬民。

程偉元(約西元1745年～約1818年):字小泉,清代江蘇蘇州人。出生封建士大夫家庭。乾隆後期,在京花數年之功,蒐羅《紅樓夢》殘稿遺篇,並邀友人高鶚共同承擔「細加釐剔,截長補短,抄成全部」的編務,三印《紅樓夢》。

古典小說:即古代的小說。其特點是,注意人物行動、語言和細節的描寫;情節曲折,故事完整;語言富於個性化;敘述時常是說書人的敘述口氣,如「看官聽說」、「且把閒話休提」等。為了需要而設定的巧合,更是古代小說的特

色之一。

春秋筆法：也叫「春秋書法」或「微言大義」，是中國古代的一種歷史敘述方式和技巧。顧名思義，一種筆法而已。春秋筆法以合乎禮法作為標準，既包括不隱晦事實真相、據事直書的一面，也包括「為尊者諱，為親者諱，為賢者諱」的曲筆的一面。

高鶚（約西元1738年～約1815年）：字蘭墅，一字雲士。因酷愛小說《紅樓夢》，別號「紅樓外史」。漢軍鑲黃旗內務府人。祖籍鐵嶺，先世清初即寓居北京。清代文學家。專家考證後普遍認為，高鶚續《紅樓夢》的說法已經被拋棄。

【閱讀連結】

曹雪芹他晚年生活貧苦困頓，極其艱難，靠賣畫和親友的接濟過日子。在這種狀況下，曹雪芹仍以頑強的毅力繼續寫作《紅樓夢》。

曾有一個傳說提到，曹雪芹寫書時，沒有錢買紙，就把舊年的皇曆拆開，字寫在皇曆的背面。就是在他身處危險的情形下，也沒有停止過寫作。

「字字看來皆是血，十年辛苦不尋常！」沒有一定的膽量、信心、毅力，在如此艱難的環境裡要寫出這部「怨世罵時之書」是不可能的。

近世時期—小說巨匠

蒲松齡抒發孤憤著聊齋

蒲松齡（西元 1640 年～1715 年），字留仙，一字劍臣，別號柳泉居士，世稱聊齋先生，自稱異史氏。生於山東省淄博市淄川區洪山鎮蒲家莊。

他創作的文言文短篇小說集《聊齋志異》，被世人稱為「孤憤之書」，郭沫若評價說：「寫鬼寫妖高人一等，刺貪刺虐入骨三分。」有人稱蒲松齡是「世界短篇小說之王」。

蒲松齡自幼聰慧好學，19 歲時連中縣、府、道三個第一，以後卻連試不第，困於場屋。為了重整旗鼓，做過半年縣衙幕僚，餘則閉守鄉村，靠舌耕筆耘度日，其生活的主要內容是讀書、教書、著書。

所交多縉紳、名士。封建的文化教養、塾師的職位，使其思想比較保守，儒家的正統觀念很濃，直到 71 歲時才成歲貢生，還要請求縣令掛匾。

由於蒲松齡窮愁潦倒的一生，使他對科舉制度的腐朽、封建仕途的黑暗有深刻的認識和體會。一生除一度遊幕蘇北外，大部分活動不出於淄邑和濟南之間。

但他接觸和交遊的人物卻非常廣泛，他的秀才出身以及出外做幕僚和塾師的生活，使他接觸了大量的統治階級人物，他長期居住農村和家境的貧困又使他與下層人民保持密切的聯繫。

因此，他對封建社會的種種人物，上自官僚縉紳，舉子名士，下至農夫村婦，婢妾娼妓，以及蠹役悍僕，惡棍酒徒，僧道術士等的生活方式、精神面貌和命運遭際，無不具有細緻的觀察和深刻的了解。這種豐富的生活閱歷和上述的進步思想，為他的創作奠定了深厚的生活基礎。

蒲松齡才華橫溢，興趣廣泛，在創作上作過多方面的嘗試、探索，著述頗多。詩、詞、駢、散、雜論、婚喪嫁娶應時應景文字，無所不寫。計有文400餘篇，詩900餘首，詞100餘闋，雜著數種，戲3出，通俗俚曲15部。而使他垂名於世的，則是一部文言文短篇小說集《聊齋志異》，其中收短篇491篇。

從思想內容上看，《聊齋志異》反映了中國封建社會後期一位正直的農村中下層知識分子對現實的體察、感受以及他的是非觀和審美情趣。在暴露社會黑暗，鞭撻醜惡現象，或是在昭示現實中人的美好品格、情操和理想方面，都達到了新的歷史高度。

首先，揭露了官府黑暗，官貪吏虐，豪紳為富不仁的現

近世時期—小說巨匠

實,展示了封建社會末期政治的腐敗,國家機器衰朽的景象。如《席方平》、《促織》、《夢狼》、《紅玉》諸篇,有的直指朝廷和皇帝,觸及重大的政治問題,表現出了作者對現實的深刻認識。

其次,對科舉弊端的批判,其中多數篇章揭露了考官的昏庸和考試舞弊風。如《賈奉雉》、《司文郎》等,嬉笑怒罵,妙趣橫生,辛辣之極,有些篇章揭露了科舉制度對讀書人的毒害。如《王子安》、《葉生》等,雖格調不同,或顯示其可笑可鄙,或顯示其可憐可悲,但都開掘甚深。

最後,讚美純真的愛情,謳歌美好的心靈。書中描寫愛情、婚姻、家庭生活的篇什最多,而其中最使讀者感興趣的是那些人間男子與狐鬼花妖之女相親近,相愛戀,相婚配的故事。

那些狐鬼花妖幻化的少女,雖性格各異,但大都秀外慧中,善良無私,不圖富貴,不慕權貴,以才德取人,愛其所當愛者,且歷經患難災禍而不渝。

她們來去自如、隨心所欲,沒有封建禮教戒規所造成的拘泥、矯情、虛偽、死氣沉沉等弱點,這與本書中所寫的現實社會的婦女迥異,與作者所信奉的道德觀念大相逕庭。

從文學成就上看,《聊齋志異》代表著中國文言短篇小說的最高成就。它博採中國歷代文言短篇小說以及史傳文學

藝術精華，用浪漫主義的創作方法，造奇設幻，描繪鬼狐世界，從而形成了獨特的藝術特色。

首先，蒲松齡對志怪傳統和傳奇筆法，既有繼承又有超越。《聊齋志異》雖然也寫花妖狐魅的怪異題材，但為的是曲折反映社會現實，抒發自己內心「孤憤」，在內容的深廣度上，都超過了以往的志怪、傳奇。

除了對唐代傳奇情節曲折、敘寫委婉、文辭華麗等特點的繼承，有又對其的超越，具體表現為從故事體到人物體，注重塑造形象；善用環境、心理、等多種手法寫人；具有明顯的詩化傾向。

其次，情節離奇曲折，富於變化。《聊齋志異》每敘一事，力避平鋪直敘，盡量做到有起伏、有變化、有高潮、有餘韻，一步一折，變化無窮；故事情節力避平淡無奇，盡量做到奇幻多姿，迷離惝恍，奇中有曲，曲中有奇。

曲是情節的複雜性，奇是情節的虛幻性，曲而不失自然，奇而不離真實，這是《聊齋志異》藝術力量之所在。如《促織》、《王桂庵》、《西湖主》、《葛巾》、《胭脂》等等，都寫得奇峰疊起，變幻無窮，極盡騰挪跌宕之能事。

最後，善用多種手法塑造個性鮮明的人物形象。蒲松齡所寫鬼狐花妖，一方面賦予它們以人的社會性，另一方面又保持它們某種自然性，寫得狐有狐形，鬼有鬼態，從而顯得

近世時期—小說巨匠

生趣盎然。這不僅使人物性格特點突出，而且使讀者有鮮明的形象感受。

蒲松齡刻劃人物時，或透過人物的聲容笑貌和內心活動，或透過生物、準確的細節，往往寥寥數筆，便能形神兼備。例如小翠的頑皮、小謝的調皮、青鳳的莊重、孫子楚的痴情，無不生動真實，給人留下深刻的印象。

蒲松齡還善用環境描寫映襯人物。比如《嬰寧》，處處用優美的自然環境來襯託人物：村外的「叢花雜討」，門箭的絲柳垂蔭，牆內的「桃杏、修竹」，門前的夾道紅花，窗下的海棠繁葉，庭中的豆棚瓜架，使得人物與環境十分和諧，相得益彰。

此外，蒲松齡在語言的運用上，達到了爐火純青的地步，它使文言詞彙產生活力，生動活潑地展現了現實生活。

他不僅運用文言文的簡練、典雅、精粹，同時還吸收了民間文學和群眾口語乃至方言的精華，熔鑄了小說特有的語言風格，從而塑造了具有鮮明個性的人物形象。

《聊齋志異》一問世就風行天下，翻刻本競相問世，相繼出現了注釋本、評點本，成為小說中暢銷書，到《紅樓夢》出來，這個勢頭也未減弱。影響更大的是它還引起不少作者競相追隨仿作，文言小說出現了再度蔚興的局面。

特別是清代前半葉，出現了數目驚人的志怪小說。其中

影響較大的有王士禎的《池北偶談》、紀曉嵐的《閱微草堂筆記》、袁枚的《子不語》、《新齊諧》等，這些小說都是走的《搜神記》和《聊齋志異》的「志怪」的路子。

而王漁洋、紀曉嵐、袁枚可以說都是文壇領袖一級的人物，《聊齋志異》的影響之大可以想見，而當時志怪小說的風氣之盛也可以想見。

正如魯迅在《中國小說史略》中說的「《聊齋志異》風行愈百年，模仿讚頌者眾。」說的就是這種情形。今天的人們對《聊齋志異》也是津津樂道，長盛不衰。

蒲松齡以其鉅著《聊齋志異》與法國的莫泊桑、俄羅斯的契科夫並譽為「世界短篇小說家之王」。《聊齋志異》開始外傳東方國家的時間為18世紀下半葉，開始外傳西方國家的時間為19世紀中期，而以傳入日本的時間為最早。

《聊齋志異》青柯亭刊本刊後的第十八年，即西元1784年，就由海船運到日本，日本江戶時代文學就受到了《聊齋志異》的影響，進入明治時期，在日本便出現了《聊齋志異》的翻譯、改編和再創作等作品。自18世紀迄今，《聊齋志異》外文譯本共有20多種語言。

在中國古典文學作品中，《聊齋志異》是擁有外文翻譯最多的一部小說。事實證明，許多外國人對《聊齋志異》的熟悉程度不亞於中國人。

近世時期─小說巨匠

■【旁注】

文言文：是中國古代的一種書面語言，主要包括以先秦時期的口語為基礎而形成的書面語。文言文是相對白話文而來的，其特徵是以文字為基礎來寫作，注重典故、駢驪對仗、音律工整且不使用標點，包含策、詩、詞、曲、八股、駢文古文等多種文體。

歲貢：生明清時，每年或二三年從各府、州、縣學中選送生員升入國子監就讀，成為歲貢。如此錄用的讀書人便是「歲貢生」，意為保送生。明清兩代，貢生有不同的稱呼：明代有歲貢、選貢、恩貢和納貢；清代有恩貢、拔貢、副貢、歲貢、優貢和例貢。

俚曲：通俗的歌曲。也叫「俗曲」。蒲松齡的出生地淄川是明清俗曲重要流布地區之一。蒲松齡集一生完成了15部俚曲的創作。無論是在文學方面，還是在音樂方面，這些俚曲均具有極高的價值。聊齋俚曲曲目有《耍孩兒》、《玉娥郎》、《粉紅蓮》、《疊斷橋》等。

史傳文學：是中國歷史文學的一部分。從文學的角度看，它是以歷史事件為題材，重在描寫歷史人物形象的文學作品；從史學的角度看，它是透過運用文學藝術的手段，借歷史事件與歷史人物的描述，來表達一定歷史觀的歷史著作。

唐代傳奇：唐代的文言短篇小說，內容多傳述奇聞異事，後人稱為唐代傳奇，或稱唐傳奇。唐代傳奇對後代小說、戲曲及講唱文學有較大的影響。

袁枚（西元1716年～1797年）：字子才，號簡齋，晚年自號倉山居士、隨園主人、隨園老人，錢塘人。清代詩人、散文家、評論家。袁枚是乾嘉時期代表詩人之一，與趙翼、蔣士銓合稱「乾隆三大家」。

王士禎（西元1634年～1711年）：原名士禛，字子真、貽上，號阮亭，又號漁洋山人，人稱王漁洋。諡「文簡」。新城人，常自稱濟南人。清初傑出詩人，學者，文學家。博學好古，能鑑別書、畫、鼎彝之屬，精金石篆刻，詩為一代宗匠。

紀曉嵐（西元1805年～1724年）：原名紀昀，字曉嵐，一字春帆，晚號石雲，道號觀弈道人。清代文學家、官員。主編《四庫全書》。代表作品《閱微草堂筆記》。因其「敏而好學可為文，授之以政無不達」，故卒後諡號文達，鄉里世稱文達公。

■【閱讀連結】

蒲松齡曾在畢際友家做塾師。一日，畢際友邀請達官顯貴來家赴宴，請蒲松齡作陪。蒲松齡從外面走了進來時，在

座各位看到他衣衫襤褸、其貌不揚，他們的傲慢、鄙夷之情溢於言表。

蒲松齡見狀，並未吱聲。酒過三巡，眾食客吟詩作賦以助酒興。輪到蒲松齡時，蒲松齡以「針」為題作詩一首：「遠看像條銀，近看一根針。腚上只長一個眼，只認衣服不認人。」

眾人聽罷，一笑二想三臉紅，愧疚之色寫於臉上。

吳敬梓以古典諷刺小說著稱

吳敬梓（西元 1701 年～1754 年），字敏軒，號粒民，因家有「文木山房」，所以晚年自稱「文木老人」，又因自家鄉安徽全椒移至江蘇南京秦淮河畔，故又稱「秦淮寓客」。

他是清代最偉大的小說家之一。善詩文，尤以小說著稱。所作《儒林外史》，是中國古典諷刺小說中傑出的作品。

吳敬梓出生於一個很有錢的官僚地主家中。13 歲喪母，14 歲隨父讀書，群經諸史，幾乎無所不讀。18 歲中秀才，是個少年得志的貴家公子。23 歲時父親因得罪上司而丟官回家，不久就病死了。

吳敬梓在他父親丟官的前前後後，看清了世人的真面目，生活更為放縱，揮金如土，遇貧即施，幾十年間，便田產賣盡、奴僕逃散。族人鄉鄰都歧視他，嘲笑他，把他視為吳家的不肖子孫。

33 歲那年，他懷著無限憤懣，移家南京。從此，鄙棄功名的思想更加增強了。貧困的生活使他的眼睛更明亮，使他的叛逆思想更強烈。他把自己的感情都傾注在筆端，寫那些

近世時期—小說巨匠

封建的文人。

可惜的是，窮困潦倒的生活過早地奪去了他的生命。他在完成《儒林外史》後不久就去世了。

《儒林外史》原本僅55回。根據程晉芳《懷人詩》可以證明，在吳敬梓49歲的時候已經脫稿。但是直到作者去世後10多年，才由金兆燕刊刻了出來。這個刻本，今已失傳。現在通行的刻本是56回，其中最末一回乃後人偽作。

《儒林外史》約40萬字。小說假託明代，實際反映的是康乾時期科舉制度下讀書人的功名和生活。

作者對生活在封建末世和科舉制度下的封建文人群像的成功塑造，以及對禮教和腐敗事態的生動描繪，使小說成為中國古代諷刺文學的典範，也使作者吳敬梓成為中國文學史上批判現實主義的傑出作家之一。

在架構上，吳敬梓根據親身經歷和生活經驗，對百年知識分子的厄運進行思考，以此為線索把片段的敘述貫穿在一起，構成了《儒林外史》的整體架構。除「楔子」和結尾外，全書主體可分為三部分：

第一部分，自二回起至三十回止，主要描寫科舉制度下的文人圖譜，以周進、范進、王德、王仁、嚴貢生、嚴監生等人為代表，暴露科舉制度下文士的痴迷、愚昧和攀附權

貴、附庸風雅,同時,展現了社會的腐敗和墮落。

第二部分,自三十一回起到四十六回止,是理想文士的探求。作者著重描寫了杜少卿、遲衡山、莊紹光、虞育德、蕭雲仙等真儒名賢的形象。

第三部分,自四十七回至五十六回止,描寫真儒名賢理想的破滅,社會風氣更加惡劣,一代不如一代,以至於陳木南與湯由、湯實二公子在妓院談論科場和名士風流了。

全書寫了270多人,除士林中各色人物外,還把高人隱士、醫卜星相,娼妓狎客、吏役里胥等三教九流的人物推上舞臺。

這種結構,打破了傳統通俗小說靠緊張的情節互相勾連、前後推進的尋常模式,按生活的原貌描繪生活,寫出了生活本身的自然形態,寫出了隨處可見的日常生活,從而展示了一幅幅社會風俗畫。

在塑造人物上,《儒林外史》描寫了下層人民真誠樸實的性格,感人至深。人物性格也擺脫了類型化,而有豐富的個性。

比如嚴監生,他是個有十多萬銀子的財主,臨死前卻因為燈盞裡點著兩根燈草而不肯斷氣。然而他並不是吝嗇這個概念的化身,而是一個活生生的人。他雖然慳吝成性,但又

有「禮」有「節」,既要處處保護自己的利益,又要時時維護自己的面子。

所以,當他哥哥嚴貢生被人告發時,他拿出十多兩銀子平息官司;為了兒子能名正言順地繼承家產,不得不忍痛給妻兄幾百兩銀子,讓他們同意把妾扶正;妻子王氏去世時,料理後事竟花了五千銀子,並常懷念王氏而潸然淚下。

一毛不拔與揮銀如土,貪婪之慾與人間之情,就這樣既矛盾又統一地表現出人物性格的豐富性。作者不但寫出了人物性格的豐富性,而且寫出了人物內心世界的複雜性。

《儒林外史》還善於在有限的情節裡,展現出人物性格的非固定性,即性格的發展變化。如匡超人從樸實的青年到人品墮落,寫出他隨著環境、地位、人物之間關係而改變的性格,在他性格變化中又展現著深刻的社會生活的變遷。

《儒林外史》掀掉了臉譜,代之以真實的細緻的描寫,揭示出人物的性格。如描寫夏總甲:

兩隻紅眼邊,一副鍋鐵臉,幾根黃鬍子,歪戴著瓦楞帽,身上青布衣服就如油簍一般,手裡拿著一根趕驢子的鞭子,走進門來,和眾人一拱手,一屁股就坐在上席。

透過這一簡潔的白描,夏總甲的身分、教養、性格躍然紙上。

在敘事上,《儒林外史》改變了傳統小說中說書人的敘述模式,採取了第三人稱隱身人的客觀觀察的敘事方式,讓讀者直接與生活見面,大大縮短了小說形象與讀者之間的距離。

作者盡量不對人物作評論,而是為讀者提供了一個觀察的角度,由人物形象自己呈現在讀者面前。例如在薛家集觀音庵,讓讀者親見親聞申祥甫、夏總甲的頤指氣使,擺「大人物」架勢,傲人欺人,較少對人物作內心剖白,只是客觀地提供人物的言談舉止,讓讀者自己去想像和體會。

又如作者只寫「把周先生臉上羞得紅一塊白一塊」,「昏頭昏腦掃了一早晨」,並沒有剖白周進內心活動,人們卻可以想像到他當時的內心感受。

作者已經能夠把敘事角度從敘述者轉換為小說中的人物,透過不同人物的不同視角和心理感受,寫出他們對客觀世界的看法,大大豐富了小說的敘事角度。

在諷刺手法的運用上,《儒林外史》堪稱一絕,將諷刺藝術發展到新的境界。《儒林外史》透過精確的白描,寫出「常見」、「公然」、「不以為奇」的人事的矛盾、不和諧,顯示其蘊含的意義。

例如嚴貢生正在範進和張靜齋面前吹噓:「小弟只是一個為人率真,在鄉里之間從不曉得占人寸絲半粟的便宜。」

近世時期─小說巨匠

言猶未了,一個小廝進來說:「早上關的那口豬,那人來討了,在家裡吵哩!」透過言行的不一,揭示嚴貢生詐欺無賴的行徑。

《儒林外史》透過不和諧的人和事進行婉曲而又鋒利的諷刺。五河縣鹽商送老太太入節孝祠,張燈結綵,鼓樂喧天,滿街是仕宦人家的牌仗,滿堂有知縣、學師等官員設祭,莊嚴肅穆。

但鹽商方老六卻和一個賣花牙婆伏在欄杆上看執事,「權牙婆一手扶著欄杆,一手拉開褲腰捉蝨子,捉著,一個一個往嘴裡送」。把崇高、莊嚴與滑稽、輕佻組合在一起,化崇高、莊嚴為滑稽可笑。

吳敬梓能夠真實地展示出諷刺對象中悲喜交織的二重結構,顯示出滑稽的現實背後隱藏的悲劇性,從而給讀者以雙重的審美感受,也使諷刺具有巨大的文化效應和社會意義。

在思想上,吳敬梓在《儒林外史》中寄託了他的社會改造理想。如主張以「禮樂兵農」的實學取代空談心性的理學,以「經世致用」的學問取代僵化無用的科舉時文等。在探求理想的同時,吳敬梓對封建文化作了進一步的反思,其批判的鋒芒指向封建禮教和社會習俗。

作者既看到社會改造理想的難以實現,又不忍放棄對社會理想和完美人格的追求。他又把目光轉向社會的底層,寫出一

群遠離科舉名利場，不受功名富貴汙染的市井平民的形象。

修樂器的倪老爹，看墳的鄒吉甫，開小米店的卜老爹，開小香蠟店的牛老兒等，他們樸實善良，相濡以沫，古風猶存，充滿人間真情的溫馨。

《儒林外史》是中國文學史上一部偉大的現實主義的章回體長篇諷刺小說，對清朝時期的小說產生了很大影響，對鞭笞社會不公，提升人民自主思想，有一定意義。同時，對現代諷刺文學也有深刻的啟迪。

胡適認為，後來的晚清譴責小說，如《二十年目睹之怪現狀》、《官場現形記》、《老殘遊記》、《孽海花》以及《海上花列傳》，都是繼承《儒林外史》的餘緒。

《儒林外史》已被翻譯成英、法、德、俄、日、意等國家的文字。可成為全世界了解中國科舉制度的一部活的生動的參考。

【旁注】

金兆燕：字鍾越，一字棕亭，安徽全椒人，西元1766年進士，官國子監博士。工詩詞，尤精元人院曲。著有《棕亭古文鈔》10卷，《駢體文鈔》8卷，《詩鈔》18卷，《詞鈔》7卷，總名《國子先生集》。

近世時期—小說巨匠

　　科舉制度：科舉是歷代封建王朝透過考試選拔官吏的一種制度。由於採用分科取士的辦法，所以叫科舉。科舉制從隋朝始行，到清朝光緒年為止，經歷了 1,300 多年，對隋唐以後中國的社會結構、政治制度、教育、人文思想，產生了深遠的影響。

　　楔子：通常加在小說故事開始之前，起引起正文的作用，也可以作為正文鋪陳的作用。如有些小說採用倒敘的寫法，開頭的結局就可以稱作楔子。就是以甲事引出乙事之意。

　　譴責小說：晚清小說流派。經過中日甲午戰爭失利、戊戌變法失敗、八國聯軍侵華這一系列巨大的變故，小說界出現了大量抨擊時政、揭露官場陰暗與醜惡的作品，文學史上把它們別稱為「譴責小說」，代表作家有李寶嘉、吳趼人、劉鶚、曾樸。

　　程晉芳（西元 1718 年～ 1784 年）：名廷璜，字魚門，號蕺園，歙縣岑山渡人。清代經學家、詩人。著述甚豐，著有《蕺園詩》30 卷、《勉和齋文》10 卷等。

■【閱讀連結】

　　有一天，吳敬梓正在茶館裡喝茶，全椒城裡幾個有名的花花公子也來了。他們一瞧吳敬梓這副「寒酸」樣，就你一言

我一語地奚落起來。

吳敬梓不慌不忙地端起面前那把茶壺，先是端詳、撫弄了一番，然後旁若無人地賦起一首詩來：「嘴尖肚大柄兒高，壺水未滿先晃搖。量小不能容大佛，半寸黃水起波濤。」

寥寥數語，尖銳、辛辣地嘲諷了這夥道貌岸然、不學無術的公子哥們。詩畢，吳敬梓昂然起身，拂袖而去。花花公子們一個個都變成了「啞巴」。

近世時期—小說巨匠

劉鶚敘景狀物取得獨特成就

劉鶚（西元1857年～1909年），譜名震遠，原名孟鵬，字雲摶、公約，後更名鶚，字鐵雲，又字公約，號老殘，署名「鴻都百鍊生」。生於清代江蘇丹徒，即今鎮江市。

清末小說家。所著《老殘遊記》是他的代表作。流傳甚廣，是清末譴責小說代表作之一，在文學上被魯迅稱讚為「敘景狀物，時有可觀」。

劉鶚出身於封建官僚家庭，從小得名師傳授學業。他學識博雜，精於考古，並在算學、醫道、治河等方面均有出類拔萃的成就，被海內外學者譽為小說家、詩人、哲學家、音樂家、醫生、企業家、數學家、藏書家、古董收藏家、水利專家和慈善家。

他涉獵眾多領域，著述頗豐，為我們留下了豐富的文化遺產。所著《老殘遊記》白話長篇小說，備受世人讚譽，是「晚清四大譴責小說」之一。

《老殘遊記》寫一個被人稱為「老殘」的江湖醫生鐵英在遊歷中的見聞和作為。老殘是作品中展現作者思想的正面人

劉鶚敘景狀物取得獨特成就

物。他「搖個串鈴」浪跡江湖，以行醫餬口，自甘淡泊，不入宦途。但是他關心國家和民族的命運，同情人民群眾所遭受的痛苦，是非分明，而且俠膽義腸，盡其所能，解救一些人民疾苦。

隨著老殘的足跡所至，可以清晰地看到清末山東一帶社會生活的面貌。在這塊風光如畫、景色迷人的土地上，正發生著一系列驚心動魄的事件。封建官吏大逞淫威，肆意虐害百姓，造起一座活地獄。

《老殘遊記》的突出處是揭露了過去文學作品中很少揭露的「清官」暴政。劉鶚筆下的「清官」，其實是一些急於要做大官而不惜殺民邀功，用人血染紅頂子的劊子手。

玉賢是以「才能功績卓著」而補曹州知府的。在署理曹州府不到一年的時間內，衙門前12個站籠便站死了2,000多人，九分半是良民。「殺民如殺賊，太守是元戎」，深刻地揭示了他們的本質。

《老殘遊記》還揭露了貌似賢良的昏官。山東巡撫張宮保，表面上是個「禮賢下士」的大員，但事實上卻很昏庸。他不辨屬吏的善惡賢愚，也判斷不出謀議的正確與錯誤。

他的愛才美德，卻給山東百姓帶來了一系列的災難。「辦盜能吏」玉賢是他賞識的，剛弼也是他倚重的，更為嚴重的是他竟錯誤地採用史鈞甫的治河建議，廢濟陽以下民埝，退

近世時期—小說巨匠

守大堤,致使兩岸十幾萬生靈遭受塗炭。

《老殘遊記》中所寫的人物和事件有些是實有其人、實有其事的。如玉賢指毓賢,姚雲松為姚松雲,王子謹為王子展,申東造為杜秉國,柳小惠為楊少和等,或載其事而更其姓名,又或存姓改名、存名更姓。正如作者所自言:

野史者,補正史之缺也。名可託諸子虛,事須徵諸實在。

劉鶚還曾寫有《老殘遊記》續集,作於西元 1905 年至 1907 年之間。據劉大紳說,共有 14 回,今殘存 9 回。西元 1934 年在《人間世》半月刊上發表 4 回,次年良友圖書公司出版 6 回的單行本。

西元 1962 年中華書局出版的《老殘遊記資料》收錄了後 3 回。續集前 6 回,雖然也有對官僚子弟肆意踐躪婦女惡行的揭露,但主要的是透過泰山斗姥宮尼姑逸雲的戀愛故事及其內心深入細緻的思想活動,以及赤龍子的言談行徑,宣傳了體真悟道的妙理。後 3 回則是描寫老殘遊地獄,以寓其懲惡勸善之旨。此外還殘存《外編》4,700 餘字,寫於西元 1905 年以後。

《老殘遊記》的文學成就在晚清小說裡是比較突出的。特別在語言運用方面更有其獨特成就。如在寫景方面能做到自然逼真,有鮮明的色彩。書中千佛山的景緻,桃花山的月

夜，都給予人明淨、清新之感。

在寫王小玉唱大鼓時，作者更運用烘托手法和一連串生動而貼切的比喻，繪聲繪色的描摹出來，也給予人身臨其境的感覺。所以魯迅在《中國小說史略》中稱讚它「敘景狀物，時有可觀」。

【旁注】

晚清四大譴責小說：魯迅認為的晚清四大譴責小說是中國清末4部譴責小說的合稱。即李寶嘉，即李伯元的《官場現形記》、吳沃堯，即吳趼人的《二十年目睹之怪現狀》、劉鶚的《老殘遊記》和曾樸的《孽海花》。

元戎：軍隊的主將或統帥。劉鶚所說「殺民如殺賊，太守是元戎」，實際上是指代那些貪官汙吏，他們掌握權力，實施滅絕人性的殘酷的暴政，讓人民苦不堪言。

劉大紳（西元1747年～1828年）：字寄庵，祖籍江西臨川，其曾祖由臨川落籍在雲南華寧，故其生於雲南省華寧縣。劉大紳是清代一位學識淵博的學者，他是那個時代的名宦，更是一代名師。滇中一些學者、文化名流，很多人都出自他的門下。

毓賢（西元1842年～1901年）：字佐臣，是清朝末年著

近世時期—小說巨匠

名的酷吏和極端排外人士。內務府漢軍正黃旗,捐監生,納貲為同知府。他與剛毅的惡行都因為劉鶚的《老殘遊記》而記載在歷史中,他們都是「清官若自以為是、危害比貪汙嚴重」的代表。

■【閱讀連結】

劉鶚博學多才,是個有名的「雜家」。尤其在甲骨學資料的儲存和整理方面,曾做出過很大貢獻。西元 1899 年,時任國子監祭酒的王鶴榮在藥方中發現了有字的「龍骨」,大加蒐集。

西元 1900 年 8 月,八國聯軍兵臨城下,國欲破而家不存,王鶴榮「義不可苟生」,服毒墜井而歿。他所藏甲骨,多為好友劉鶚儲存。

劉鶚承其遺志,使所藏骨片增至 5,000 餘片,並於 1903 年拓印《鐵雲藏龜》,將有關甲骨文資料公開出版,由此開啟了一門獨特學科──甲骨學。

李寶嘉著成譴責小說代表作

李寶嘉（西元1867年～1906年），又名寶凱，字伯元，別號南亭亭長，筆名遊戲主人，謳歌變俗人等。江蘇常州人。晚清小說家。

他構思之敏，寫作之快，是極為少見的。他先後寫成《文明小史》、《活地獄》、《李蓮英》、《海上繁華夢》、《南亭筆記》、《滑稽叢話》等書十多種。其中《官場現形記》更是「晚清四大譴責小說」中的代表作。

李寶嘉3歲喪父，隨母親與堂伯父李翼清一家合住。李翼清在山東歷任知縣、同知、知府等職。李寶嘉受堂伯父撫養教育，擅長八股詩賦，能書畫篆刻，多才多藝。

西元1892年，李翼清辭官歸籍，李寶嘉一家也跟從由山東返回常州。鄉居期間，李寶嘉曾從傳教士學習英文，並考中秀才。

西元1896年，李寶嘉到上海，先編撰《指南報》，次年創辦《遊戲報》，並設「文社」。這些報紙是中國小報的鼻祖，它雖然說勾欄，談風月，載社會新聞，但也嘲罵腐朽的官僚買

辦，暴露社會種種黑暗，為創作譴責小說累積了豐富的素材。

《官場現形記》共60回，最初於《世界繁華報》上連載，內容是暴露晚清官場的腐敗。世界繁華報館在連載的過程中，又分5編，每編12回，陸續刊印了單行本。

《官場現形記》在思想內容上，以晚清官場為背景，集中描寫封建社會崩潰時期舊官場的種種腐敗、黑暗和醜惡的情形。

這裡既有軍機大臣、總督巡撫、提督道臺，也有知縣典吏、管帶佐雜，他們或齷齪卑鄙或昏聵糊塗或腐敗墮落，構成一幅清末官僚的百醜圖。寫的多是實有人物，只是改易姓名而已，這確是不假。

胡適曾在為此書做的序言中論說過這種情況：

就大體上說，我們不能不承認這部《官場現形記》裡大部分的材料可以代表當日官場的實在情形。那些有名姓可考的，如華中堂之為榮祿，黑大叔之為李蓮英，都是歷史上的人物，不用說了。

那無數無名的小官，從錢典史到黃二麻子，從那做賊的魯總爺到那把女兒獻媚上司的冒得官，也都不能說是完全虛構的人物。

胡適對《官場現形記》做過較深入的研究和考據，他的話無疑是有根據的。

當然，小說中的某個有名有姓的人物實際上也未必完全是影射某一個人，而可能是包括這一個在內的幾個實有人物的集合。比如小說中的華中堂，可能主要指的是榮祿，但也可能包括了其他某些官僚。

書中那一群胸無點墨的酒囊飯袋：劉大侉子、黃三溜子、田小辮子、唐二亂子等，更是晚清官場特產的一宗活寶，捐例大開的必然產物，錢虜市儈，袍笏登場，官場的文化品味也蕩然無存了。

綜觀全書，人性的墮落與異化到了怵目驚心的地步。其實它所寫的不是個別的貪官汙吏，而是整個政治體制的腐朽，無官不貪，無吏不汙，賣官鬻缺、貪贓納賄已成為官場的執行機制。

在寫作手法上，《官場現形記》採用若干相對獨立的短篇故事蟬聯而下的結構方式，雖不免於鬆散枝蔓，然亦適應敏銳地反映廣闊的社會人生的需要。白描傳神，是其所長。如胡統領嚴州剿匪數回，布局精巧，錯落有致，人物映帶成趣。

作家尤擅長於渲染細節，運以頰上添毫之筆，有入木三分之妙。第四十三至四十五回，寫佐雜太爺的酸甜苦辣，極盡揶揄之能事。「跌茶碗初次上臺盤」是一幕精心設計的人間喜劇，透過跌茶碗這一細節，將小人物受寵若驚的扭曲心

近世時期─小說巨匠

態,描摹盡致。

小說還充分運用了誇張、漫畫化的鬧劇手法,尤喜撕破人生的假面。如浙江巡撫博理堂,自命崇尚理學,講究「慎獨」功夫,卻偏有「叩轅門蕩婦覓情郎」一幕好戲。

《官場現形記》是中國第一部在報刊上連載、面對社會而取得轟動效應的長篇章回小說,也是譴責小說的代表作,首開近代小說批判社會現實的風氣。另外,它是一部優秀的譴責小說,具有詼諧諷刺的現實主義特色。

全書從中舉捐官的下層士子趙溫和佐雜小官錢典史寫起,連綴串起清政府的州府長吏、省級藩臺、欽差大臣以至軍機、中堂等形形色色的官僚,揭露他們為升官而逢迎鑽營,矇混傾軋。可以說,《官場現形記》為近代中國腐朽醜陋的官場勾勒出了一幅歷史畫卷。

【旁注】

八股:也稱時文、制藝、制義、四書文等,是中國明清兩代考試制度所規定的一種特殊文體。八股文專講形式、沒有內容,文章的每個段落死守在固定的格式裡面,連字數都有一定的限制,人們只是按照題目的字義敷衍成文。

捐例:清代朝廷納資捐官的規例。分暫行事例及現行

常例兩種。《清史稿·選舉志七》：「捐例不外拯荒、河工、軍需三者，曰暫行事例，期滿或事竣即停，而現行事例則否……大抵貢監、銜封、加級、紀錄無關銓政者，屬現行事例。」

榮祿（西元1836年～1903年）：字仲華，號略園，瓜爾佳氏，滿洲正白旗。清末大臣，晚清政治家。官至總理衙門大臣、兵部尚書、官至總管內務府大臣。諡「文忠」。編有《武毅公事略》，著有《榮文忠公集》、《榮祿存札》。

【閱讀連結】

李寶嘉在上海辦報時，住在勞合路，即今六合路，那裡妓院林立，流鶯雲集。他特意在大門上貼了一副對聯：老驥伏櫪，流鶯比鄰。

在這樣的環境下，李寶嘉親眼目睹了許多腐敗官員的風月之事，也收集了許多相關的實事逸聞，於是，開始撰寫《官場現形記》。但此時的李寶嘉的生活並不景氣，常常負債。

有一年除夕，討債人接踵而來，他只得跑到一個茶館躲避。工作的繁重和生活的困頓使他患了最重的肺病，最後因肺病惡化在上海逝世，年僅40歲。

近世時期—小說巨匠

吳趼人寫成影響深遠的小說

吳趼人（西元 1867 年～1910 年），原名沃堯，字小允，又字繭人，佛山人，筆名有繭叟、野史氏等，尤以「我佛山人」最為著名。生於清代廣東南海，即現在的廣州。清末小說家。

活躍在清代文學時期，代表作品有《二十年目睹之怪現狀》、《痛史》和《九命奇冤》等。其中的《二十年目睹之怪現狀》轟動一時，影響深遠，是「晚清四大譴責小說」代表作之一。

吳趼人曾祖父吳榮光官至湖廣總督，祖父、父親均為小官吏。他 18 歲時離家到來到上海，先在茶館做夥計，又至江南製造局作抄寫工作，月薪微薄。西元 1897 年，吳趼人開始在上海創辦小報，先後主持《字林滬報》、《採風報》、《奇新報》、《寓言報》等。

吳趼人生性幽默，常常一言既出，四座傾倒，又狂放不羈，每於酒後論天下事，慷慨激昂，不可一世。一次他從書坊上得到半部《歸有光文集》，愛不釋手，由此萌發了創作小說的衝動。

因他性格耿介，不願與權貴交往，曾拒絕清政府經濟特科的考試，絕意仕途，只能靠賣文所得度日。吳趼人一生清貧，常常囊中羞澀，由於生活貧困，工作勞累，1910年在上海逝世，年僅45歲。

《二十年目睹之怪現狀》是吳趼人的一部帶有自傳性質的作品。作品寫主角「九死一生」初入社會見到的便是賊扮官、官做賊的怪事，從而隱括了初刊本評語「官場皆強盜」的黑暗現實。

貫串全書的反面人物苟才，是小說刻意塑造的清末無恥官僚的典型。他出身捐班，無學無識，只是善於諂媚、行賄、不知廉恥，甚至不惜逼迫自己新寡的兒媳嫁給兩江總督做五姨太太，以飛黃騰達。

他兩次丟官，一次被新任總督參革，一次被朝廷欽差大臣查辦，但都用鉅額賄賂，東山再起。這說明他是清末整個腐朽官僚機構的產物。

書中所寫正直的士子官吏，大都無立足之地。如知縣陳仲眉雖然頗有才學，精明能幹，但不會逢迎，又無錢行賄，結果長期得不到差事，潦倒一生，最後自縊身死，遺下寡妻幼子。愛民如子的蔡侶笙也終於被革職嚴追。這是對清末官場的本質的揭露。

此外，作品描寫商界生活，有意把經商與做官對立起

來。九死一生堅決不願進入官場,而走經商的道路,認為商場雖也有諸多怪現狀,但比官場乾淨。作者一反封建傳統的鄙商態度,表現了作者對腐朽政治的激憤,也反映了思想領域的新變化。

《二十年目睹之怪現狀》在藝術上有其特色。從架構上看,作者採用的屏風式的結構藝術,以九死一生的經歷為線索,把一個個人物的經歷,一個個事件的過程敘述出來,這經歷,這過程,猶如一扇扇屏風,有長有短,有一回的,有幾回的,儘管著墨不均,但刻劃出一個個醜陋的鬼臉:「苟觀察致敬送嘉賓、徹底尋根表明騙子、詩翁畫客狼狽為奸、烽煙渺渺兵艦先沉、老捕役潛身拿臬休、露關節同考裝瘋、告賣缺縣丞難總督、內外吏胥神奸狙獪、巧矇蔽到處有機謀、老叔祖妮妮講箴等。

這些屏風個個獨立成篇,又絲絲纏繞、牽制、互為因果,並用九死一生的經歷做樞紐,做線索連線起來,給讀者一種渾然一體的感覺。

在人物的塑造上,吳趼人所塑造的幾位比較成功的典型人物給人留下了較深的印象。苟才形象的塑造成功,表明瀕臨滅亡的封建統治階級道德敗壞,精神墮落。以吳繼之為首的人物或豁達、大度、精明,或穎悟、執著,或俠義、正直、清廉,在作品中可以藉助他的語言和行動表現出來。

吳趼人寫成影響深遠的小說

除了《二十年目睹之怪現狀》外，吳趼人的三部寫情小說《恨海》、《劫餘灰》、《情變》，也曾在小說史上產生重要影響。前二者開20世紀初哀情小說、苦情小說之先河，並確立了「發乎情，止乎禮義」的寫情規範；後者著重寫「痴」、寫「魔」，開孽情小說一路。

《二十年目睹之怪現狀》發表時，正值反封建的民主革命以反清的形式在社會上出現，因此引起強烈的反響，但由於政治觀點的改變，作者沒有將它寫完。即使如此，阿英的《晚清小說史》還是將它看做「晚清的講史」小說中「最好的一部」。

【旁注】

江南製造局：或江南製造總局，又稱作上海機器局，是清朝洋務運動中成立的軍事生產機構，為晚清中國最重要的軍工廠，是清政府洋務派開設的規模最大的近代軍事企業。也是江南機器製造總局早期廠房近代最早的新式工廠之一。為後來江南造船廠的前身。

湖廣總督：正式官銜為總督湖北湖南等處地方提督軍務、糧餉兼巡撫事，正式簡稱為湖北湖南總督，是清朝九位最高級的封疆大臣之一，總管湖北和湖南的軍民政務。因湖

南、湖北兩省在明朝時同屬湖廣省，因此通稱為湖廣總督。

經濟特科：是清末新政特設的科舉制科。該科本是戊戌變法時，由貴州學政嚴修為破格求才仿乾隆年間的博學鴻詞科而設的。變法失敗後廢除。考試的目的，在於以新政欺騙人民，昭然若揭。不過，從其設立源起看，則反映了變法維新的一種改良主張。

捐班：清朝官吏凡由科舉出身者稱正途，由捐納財物得官者稱捐班。魯迅《準風月談・各種捐班》：「清朝的中葉，要做官可以捐，叫做『捐班』的便是這一夥。」

欽差大臣：又簡稱欽差，是明清時一種臨時官職。欽，意為皇帝，欽差即是皇帝差遣之意，因此欽差大臣是由皇帝專門派出辦理某事的官員。因為代表了皇帝本人，所以其地位十分了得。擔任該官職往往都是皇帝信得過的高官，能得此職事本身也是一種榮譽。一般事畢覆命後，該官職便取消。

■【閱讀連結】

吳趼人留下了大量的趣聞逸事。一日，有某小報誤將「山人」與「我佛」二字連綴成文，登於報上。吳趼人看後，第二天揮筆回覆：「我係佛山之人，故曰我佛山人，何得竟施

腰斬之罪,將佛山兩字斷成兩截?佛說未免罪過。」

他早年患有哮喘,後來哮喘加重,家境陷於窘難。一次寫信給一位朋友告貸,撿了一隻七孔八爛的破襪子,附在信裡,信箋上寫了八個字:「襪猶如此,人何以堪。」

朋友收信後,了解他的窘境,立即解囊相助。

近世時期─小說巨匠

曾樸所著小說文采斐然

曾樸（西元 1872 年～ 1935 年），譜名為樸華，初字太樸，改字孟樸，又字小木、籀齋，號銘珊，筆名東亞病夫。江蘇常熟人清末民初小說家，出版家。

所著長篇小說《孽海花》是近代小說中思想和藝術成就都比較高的一部。魯迅在《中國小說史略》中稱它「結構工巧，文采斐然」，把它列為「晚清四大譴責小說」之一。

曾樸自幼篤好文學，養成了對文學的濃厚興趣。他曾在北京同文館特班學習過法文。1898 年在上海結識曾經在法國僑居多年的陳季同。

在陳季同的指點下，曾樸三四年內集中閱讀了大量法國文學作品和文學批評論著，並閱讀了許多法譯的西歐各國文學名著，自雲「因此發了文學狂」。

1904 年，曾樸與徐念慈等人創辦小說林社，大量發行譯、著小說以鼓盪新風氣，其中也包括金松岑等編著的鼓吹民族革命思想的作品。繼又發行《小說林》雜誌。

在這一時期內，曾樸繼金松岑原作續撰《孽海花》，他

曾樸所著小說文采斐然

鼓吹民族革命與民主革命的思想也由此開始萌發滋長,並在《孽海花》中展現出來。

《孽海花》的始作者為金松岑,先寫了6回。1903年,在中國大陸留日學生所辦革命刊物《江蘇》月刊第八期上發表了第一回和第二回。後將原稿寄給曾樸所辦小說林書社。

曾樸看後,認為是一個好題材,對小說寫法提出一些意見。金松岑遂與曾樸共同酌定全書60回的回目,改由曾樸續寫並最後完成。

《孽海花》揭露了帝國主義的侵略野心,清政府的無能與腐敗,封建士大夫的昏庸與墮落。全書寫了200多個人物,從最高統治者慈禧、光緒,到官場文苑的達官名士,到下層社會的妓女、小廝,涉及朝廷宮闈、官僚客廳、名園文場、煙花妓院直至德國的交際場,俄國虛無黨革命等,反映的社會生活面相當廣。

《孽海花》一書展現了作者鮮明的思想傾向。曾樸是居高臨下,觀察清政府內外處境,反映30年來中國大陸的政局。

他憤然指出:「朝中歌舞昇平,而海外失地失藩,頻年相屬。日本滅了琉球,法國取了安南,美國收了緬甸,中國一切不問,還要鋪張揚厲,擺出天朝空架子。」這一番概括,基本上道出了末代王朝空虛頹敗的局勢。

近世時期—小說巨匠

《孽海花》具體描繪了在列強環伺不斷侵凌下的清政府10年兩敗,上層士大夫的崇尚空談、醉生夢死,為日趨崩潰的危局提供了驚心動魄的驗證。

在述說政潮變化消長方面,凡洋務運動從興起到失敗,改良主義的崛起,資產階級革命派初露頭角,在小說裡均有了比較清晰的反映。

《孽海花》是第一部以同情的態度來描寫民主革命與民族革命的作品。曾樸精闢地提醒大家正視中國大陸的現狀,「看著茫茫禹甸,是君主的世產,赫赫軒孫,是君主的奴僕」,並表示痛恨這個「專制政體」。

書中還塑造了孫中山、陳千秋等革命者形象,熱情歌頌了他們的活動,這在晚清譴責小說中實是個大膽的創舉。如此等等,實是其他三部譴責小說所不及的。

曾樸的視野極其廣闊,使這部小說的情節超越了中國現實社會的領域,描寫了德國、俄國和日本的政治生活,尤其是以熱情讚頌的態度述說了日本革命者和俄國虛無黨革命運動的一些章節。

小說中也出現了偉大的俄羅斯作家赫爾岑、車爾尼雪夫斯基、托爾斯泰的名字,並且述說了他們與俄國初期革命運動的關係。如此廣博的見聞和精銳的眼光,且在當時小說家中實為罕見,極顯驚人的膽識。

曾樸所著小說文采斐然

曾樸描寫達官名士，不同於劉鶚、李寶嘉和吳趼人，他並不著眼於描寫其凶殘或貪鄙，而是著重刻劃他們精神頹廢的要害。曾樸描繪的多是貌似方正的人物，有些更是勇於直諫的「清流」人物，但他們或崇尚空談，或師心自用，或沉溺考據，或癖嗜古董，或自命風雅，其實是迂腐自守、不學無術、矯揉造作之徒。

這些人置國運民瘼於不顧，醉生夢死，佯狂玩世。曾樸入木三分地描摹出這群人物的精神世界，也就反映出了末代王朝崩潰前夜的背景。

《孽海花》是一部當之無愧的文學名著。它的出版，曾於20世紀初期的文壇引起轟動，在不長的時間裡，先後再版10餘次，行銷10萬部左右，獨創紀錄。

專家的評論亦頗為熱烈，著名小說研究專家蔣瑞藻在《小說枝談》中轉引《負暄瑣語》的評論說：

近年新撰小說風起雲湧，無慮千百種，固自不乏佳構。而才情縱逸，寓意深遠者，以《孽海花》為巨擘。

魯迅對之也有很高的評價。一部小說不僅引起一般讀者的廣泛興趣，甚至一版再版，並且招來諸多文化名人評頭品足，這確乎是不多見的。

近世時期—小說巨匠

■【旁注】

同文館：清末第一所官辦外語專門學校。全稱京師同文館。初以培養外語翻譯、洋務人才為目的，由恭親王奕欣於1861年奏請創辦。次年正式開課，直屬總理各國事務衙門。設管理大臣、專管大臣、提調、幫提調及總教習、副教習等職。

陳季同（西元1851年～1907年）：字敬如，一作鏡如，號三乘槎客。福建侯官人。清末外交官。歷任中國駐法、德、意公使館參贊。代表作品有《中國人自畫像》和《中國人的戲劇》。

徐念慈（西元1875年～1908年）：原名蒸乂，字念慈，以字行；後又改字彥士，別號覺我、晚清諸生等。江蘇常熟人。著名翻譯家。被視為中國近代創作科幻小說的先行者，對近代小說美學理論有突出的貢獻。作品有《新法螺先生譚》、《情天債》等。

《小說林》：是中國晚清時期有著重大影響的小說雜誌，它對中國近現代翻譯小說和小說理論產生了很大的影響。1907年在上海創刊。主編為黃摩西。曾樸、吳梅、包天笑等為主要撰稿人。該刊宗旨為「輸進歐美文學精神，提高小說在文學上的地位」。內容有圖畫、論說、小說、戲曲、雜著等，編譯小說較多。

洋務運動：又稱自強運動，是指西元1861年至1894年，清朝政府內的洋務派如曾國藩、李鴻章、張之洞等在全國各地掀起的改良運動。主張利用官督商辦、官商合辦等方式發展新型工業，創辦了安慶內軍械所，江南製造總局等。

蔣瑞藻（西元1891年～1929年）：字孟潔，號花朝生，又號覊提居士。諸暨紫西鄉人。一生專心筆耕，著述盛富。其行世者有《小說考證》、《小說技談》、《新古文辭類纂稿本》，選編李慈銘《越縵堂詩話》、《續杜工部詩話》等，5種共84卷。

■【閱讀連結】

曾樸晚年十分認真地研究蒔弄花草的學問，買了不少有關花卉的書籍，到處選購各種名貴的品種，認真地研究和考據。

他帶領花匠搭起花架、花棚，耕耘、施肥和剪枝，常常不及洗手就來到餐桌前，一邊吃飯一邊閱讀有關書籍，往往忘記了添飯，直至站在一旁的僕人告知添飯，才應聲將飯碗交給僕人。

每天下午或晚上，他就將一天種花和閱讀的心得寫在日記上或寫成專門的文章。在他最後幾年的日記中，有許多關於花卉的內容。

國家圖書館出版品預行編目資料

文壇泰斗，文學大家與傳世經典：公羊高、司馬遷、施耐庵、蒲松齡……重溫千古名家的如椽巨筆，感受文化的深厚底蘊 / 肖東發 主編, 任芳芳 編著. -- 第一版. -- 臺北市：複刻文化事業有限公司, 2024.12
面； 公分
POD 版
ISBN 978-626-7620-31-1(平裝)
1.CST: 作家 2.CST: 傳記 3.CST: 中國文學
782.24 113019289

文壇泰斗，文學大家與傳世經典：公羊高、司馬遷、施耐庵、蒲松齡……重溫千古名家的如椽巨筆，感受文化的深厚底蘊

主　　編：肖東發
編　　著：任芳芳
發 行 人：黃振庭
出 版 者：複刻文化事業有限公司
發 行 者：崧燁文化事業有限公司
E-mail：sonbookservice@gmail.com
粉 絲 頁：https://www.facebook.com/sonbookss/
網　　址：https://sonbook.net/
地　　址：台北市中正區重慶南路一段 61 號 8 樓
8F., No.61, Sec. 1, Chongqing S. Rd., Zhongzheng Dist., Taipei City 100, Taiwan
電　　話：(02) 2370-3310　　傳　　真：(02) 2388-1990
印　　刷：京峯數位服務有限公司
律師顧問：廣華律師事務所 張珮琦律師

-版權聲明-

本書版權為大華文苑出版社所有授權複刻文化事業有限公司獨家發行繁體字版電子書及紙本書。若有其他相關權利及授權需求請與本公司聯繫。
未經書面許可，不得複製、發行。

定　　價：299 元
發行日期：2024 年 12 月第一版
◎本書以 POD 印製
Design Assets from Freepik.com